JN205141

外国人のお客さまとの金融取引がよくわかる

YUI Consulting **細田恵子** 著

ビジネス教育出版社

はじめに

　2023年末の在留外国人数は約341万人で、我が国の総人口1億2,435万人（2023年10月1日現在人口推計）に対し約2.74％を占めています。

　ここ2〜3年は新型コロナウイルスの感染拡大により外国人の新規入国は減少していましたが、新型コロナウイルス対策による出入国制限の撤廃や水際対策の緩和等によって増加に転じ、今後、外国人の流入はますます増加していくことが予想されます。

◉マネー・ローンダリング等の対策

　預貯金取扱金融機関は、マネー・ローンダリング（資金洗浄、麻薬売買など不正な手段で得たおカネの出所や真の所有者をわからなくすること）等に悪用されるリスクが高いとされる現金取引のほか、手持ち資金を迅速かつ容易に準備・保管できる預貯金取引、遠隔地間や多数の者との間で資金を安全かつ迅速に移動できる為替取引、高セキュリティでプライバシーも確保できる貸金庫、換金性・運搬性・流通性が高い手形・小切手等のほか、これらに付随する業務も含め、さまざまな商品・サービスを提供しています。

　これらの商品・サービスは、複数組み合わされた場合、取引がより複雑化して資金の流れを追跡することが困難となる可能性があることや、業界全体の取引量の大きさ等から、マネー・ローンダリング等のリスクは他の業態よりも相対的に高いといえます（金融庁「マネー・ローンダリング・テロ資金供与・拡散金融対策の現状と課題」2023年6月）。

　とりわけ預貯金口座は、金融機関に対する信頼や預金保険制度の充実等により、手持ち資金を安全・確実に管理する手段として、広く普及してい

ます。また、最近は、インターネットを通じて口座を開設したり、取引をしたりすることが可能となっており、その利便性はますます高まっています。

このような特性により、預貯金口座はマネー・ローンダリング等の格好の手段となりえます。とりわけ外国人名義の預貯金口座については、不正な売買・譲渡により犯罪に利用されたりする事例が後を絶ちません。

よって、外国人取引の際には、これらの不正が行われないようにしっかりとチェックをしていくことが大切です。

◉外国人のお客さまに対する支援

また一方で、外国人のお客さまに便利に気持ち良く金融機関をご利用いただくことも大切な課題です。金融庁は、外国人のお客さまに対する金融サービスの利便性向上に向けて、国際金融センターとしての地位確立を目指す政府の方針も念頭に置き、生活者としての外国人の支援をより一層進めていくことが重要であると考え、金融機関が外国人のお客さまへの対応を行う際に留意すべき事項を取りまとめて公表しています（2021年6月金融庁監督局「外国人顧客対応にかかる留意事項・取組事例」巻末資料参照）。留意事項については、すべての金融機関に一律の対応を求めるものではないとされていますが、金融機関が取引顧客層や地域特性も踏まえ、お客さま目線に立ち、継続的に創意・工夫を積み重ねていくことが求められています。

今後、在留外国人のお客さまとの取引機会が増加していくことが予想される中で、預貯金口座開設時に必要とされる知識や実務ポイントを中心に、外国人のお客さまへの窓口応対について、わかりやすく解説するとともに、巻末には索引を付しました。不明なことや困ったことがあったときに、必要なページを開くことにより、日常業務に役立てていただければ幸いです。

YUI Consulting　細田恵子

CONTENTS

第Ⅱ部　外国人のお客さまとの取引で知っておきたい知識

［第 III 部　新規口座の開設にあたっての留意事項］

付 2024年入管法等改正のポイント

外国人のお客さまとの取引の現状と課題

1 在留外国人の現状

　近年、我が国を訪れる外国人は増加傾向にあります。2020（令和2）年2月以降、新型コロナウイルス感染症の感染拡大の影響による入国制限などの水際対策とられたことにより大幅な減少に転じましたが、2022年3月以降、水際対策が段階的に緩和され、出入国在留管理庁によれば、2023年の我が国への外国人入国者数は、前年に比べて2,163万人（515.3％）増の約2,583万人と大幅に増加しました。

　我が国における2023年末現在の中長期在留者数は約313万人、特別永住者数は約28万人で、これらを合わせた在留外国人（90日を超えて日本に滞在する外国人）数は約341万人（前年末比34万人、10.9％増加）でした（図表 序-1）。

　また、2023年末現在における在留外国人数の我が国の総人口に占める割合は、我が国の総人口1億2,435万人（2023年10月1日現在人口推計（総務省統計局））に対し2.74％となっており、前年末の2.5％と比べ0.24ポイント高くなっています。

　2023年末現在における在留外国人数について国籍別に見ると、中国が約82万人で全体の24.1％を占め、以下、ベトナム57万人、韓国41万人、フィリピン32万人、ブラジル21万人の順となっており、韓国を除いてほとんどの国が前年末に比べて増加しています。

図表 序-1　在留外国人数および外国人労働者数の推移

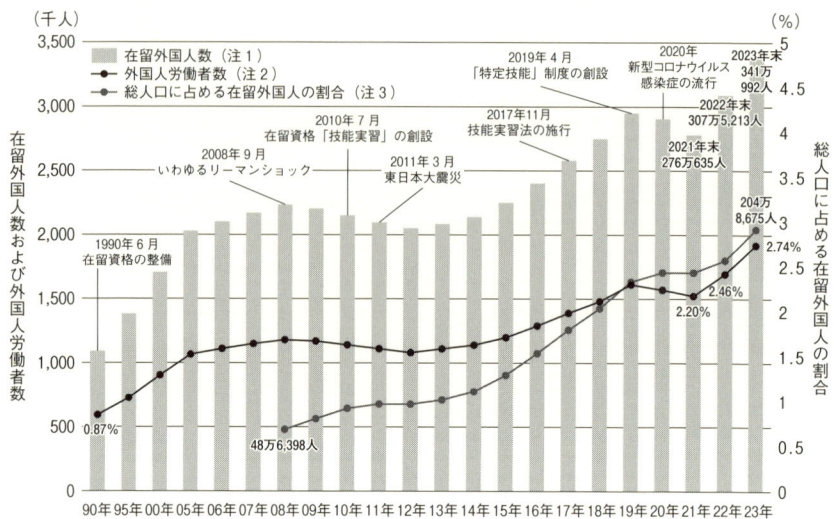

（注1）2011年までは法務省入国管理局（当時）「（旧）登録外国人統計」（12月末現在）に、2012年以降は出入国在留管理庁「在留外国人統計」（12月末現在）に基づく。

（注2）厚生労働省「「外国人雇用状況」の届出状況まとめ」（各年10月末現在の統計）に基づく（外国人雇用状況の届出制度は、2007年10月1日から開始されているため、2008年以降の推移を示している。）。

（注3）総人口は、総務省「人口推計」（各年10月1日現在の統計）に基づく。

　1990 年の入管法（正式名称は「出入国管理及び難民認定法」）改正で、南米の日系人に対する労働制限のない滞在資格（定住者、配偶者も同様）が新設されブラジルからの在留外国人が急増し 30 万人近くに達しましたが、2008 年リーマンショック後の帰国政策もあり、現在は 20 万人前後で推移しています。近年はベトナム、ネパール、インドネシアなど東南アジア、東アジアからの在留外国人が増加していますが、これは文部科学省の受け入れ拡充政策に伴う日本語学校や専門学校への留学生や、2008 年の入管法改正後の技能実習生の増加によるものと考えられます。

　在留資格別では、「永住者」が 89 万人と最も多く、次いで、「技能実習」が 40 万人、「技術・人文知識・国際業務」が 36 万人、「特別永住者」として在留する者が 28 万人と続いています（図表 序-2）。

また、外国人労働者数は約205万人（前年比23万人増）となり、届出が義務化された2007年以降、過去最高を更新し、対前年増加率は12.4％と、前年の5.5％から6.9ポイント上昇しています（図表 序-3）。その内訳は、次のとおりです。

① 身分に基づき在留する者（「定住者」（主に日系人）、「永住者」、「日本人の配偶者等」等）…これらの在留資格は在留中の活動に制限がないため、さまざまな分野で報酬を受ける活動が可能です。

② 就労目的で在留が認められる者（いわゆる「専門的・技術的分野」）…一部の在留資格については、上陸許可の基準を「我が国の産業および国民生活に与える影響その他の事情」を勘案して定めることとされています。

③ 特定活動（EPA（経済連携協定）に基づく外国人看護師・介護福祉士候補者、ワーキング・ホリデー、外国人建設就労者、外国人造船就労者等）…「特定活動」の在留資格で我が国に在留する外国人は、個々の許可の内容により報酬を受ける活動の可否が決定されます。

図表 序-2　在留外国人の在留資格・国籍・地域別内訳

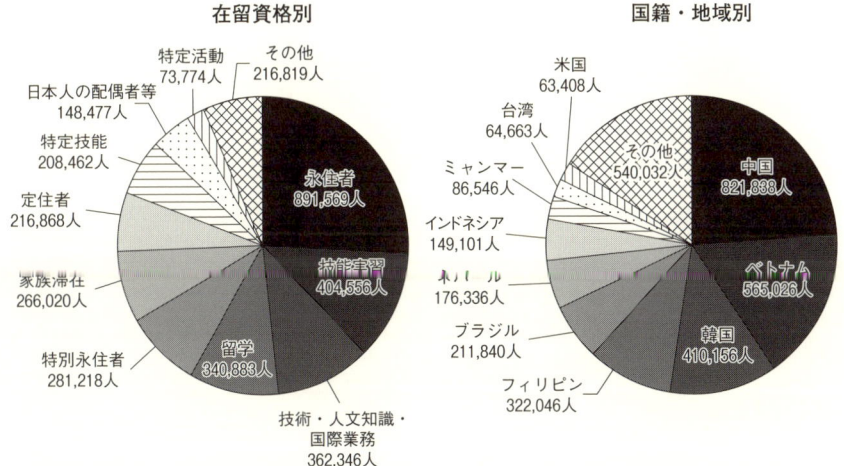

在留資格別

特定活動 73,774人
その他 216,819人
日本人の配偶者等 148,477人
特定技能 208,462人
定住者 216,868人
家族滞在 266,020人
特別永住者 281,218人
留学 340,883人
技術・人文知識・国際業務 362,346人
技能実習 404,556人
永住者 891,569人

国籍・地域別

米国 63,408人
台湾 64,663人
ミャンマー 86,546人
インドネシア 149,101人
ネパール 176,336人
ブラジル 211,840人
フィリピン 322,046人
その他 540,032人
中国 821,838人
ベトナム 565,026人
韓国 410,156人

図表 序-3 外国人労働者数の内訳

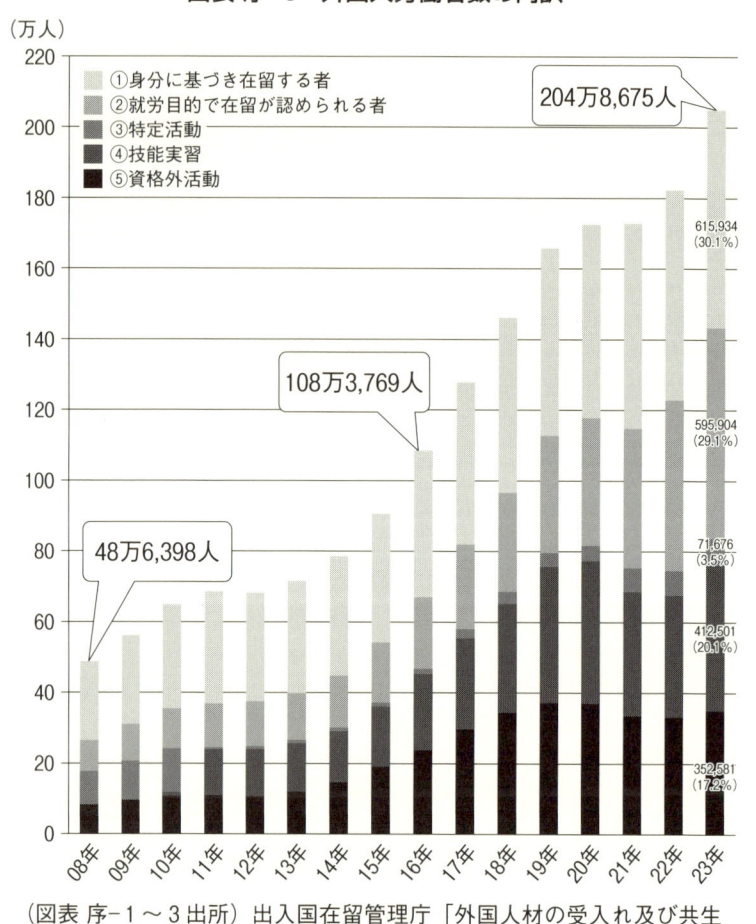

（万人）

凡例:
- ①身分に基づき在留する者
- ②就労目的で在留が認められる者
- ③特定活動
- ④技能実習
- ⑤資格外活動

48万6,398人

108万3,769人

204万8,675人

615,934
（30.1%）

595,904
（29.1%）

71,676
（3.5%）

412,501
（20.1%）

352,581
（17.2%）

08年 09年 10年 11年 12年 13年 14年 15年 16年 17年 18年 19年 20年 21年 22年 23年

（図表 序-1～3出所）出入国在留管理庁「外国人材の受入れ及び共生社会実現に向けた取組」

④ 技能実習（技能移転を通じた開発途上国への国際協力が目的。2010年7月1日施行の改正入管法により、技能実習生は入国1年目から雇用関係のある「技能実習」の在留資格が付与されることになりました）。

⑤ 資格外活動（留学生のアルバイト等）…本来の在留資格の活動を阻害しない範囲内（1週28時間以内等）で、相当と認められる場

合に報酬を受ける活動が許可されます。

2 マネー・ローンダリング対策の強化と預金規定・参考例の制定

　在留外国人の増加に伴い、マネー・ローンダリングやテロ資金供与の未然防止は、日本の金融システムの健全性を維持する観点から、重要な課題となっています。

　マネー・ローンダリング対策やテロ資金供与対策は、一国のみが規制を強化しても、相対的に規制の緩い国で行われる傾向にあることから、その取組みには国際的な協調が不可欠で、各国が実効的な対策を講ずることが国際的な要請となっているのです。

(1)　金融庁「マネロン・テロ資金供与対策ガイドライン」の内容

　近年、マネー・ローンダリングの手口は複雑化・巧妙化してきている一方で、マネー・ローンダリング対策を専門的に行う国際機関であるFATF（Financial Action Task Force：金融活動作業部会）による対日相互審査において、わが国のマネー・ローンダリング対策は法整備や顧客管理、リスクへの対応が不十分であるなどの不備が繰り返し指摘されてきました。

　これに対して金融庁は2018年2月、マネロン・テロ資金供与対策ガイドライン（正式名称は「マネー・ローンダリング及びテロ資金供与対策に関するガイドライン」）を公表しました。

　このガイドラインは、金融機関等に求められるマネロン・テロ資金供与対策の取組み等について述べた「Ⅰ　基本的考え方」、リスクの特定・評価・低減措置の実施など「Ⅱ　リスクベース・アプローチの具体的な対応」、実効的な対策の実施に不可欠な経営陣の関与や全社的な態勢構

築についてまとめた「Ⅲ　管理態勢とその有効性の検証・見直し」の三つを主な柱とし、

① 　ミニマムスタンダードとしての「対応が求められる事項」

② 　より堅牢なリスク管理態勢の構築に向けた「対応が期待される事項」

③ 　ベスト・プラクティスを目指すにあたって参考となる「先進的な取組み事例」

を随所にまじえながら、各金融機関が自らの現状に照らして選択し、最適な対策の構築に資することができるような構成になっています。窓口担当者に対しては、顧客と直接対応していく中で、顧客の属性、取引の内容等を踏まえて、そのリスクを評価し、取引時確認など法令で求められている措置を実行することを求めています。

(2)　ガイドラインを踏まえた全銀協「普通預金規定・参考例」の内容

さらに金融庁は、翌2019年4月に、ガイドライン策定以降実施してきた各種モニタリング結果を踏まえて、金融機関等の実効的な態勢整備を促進するためにガイドラインを改正しました。

これに伴い全国銀行協会は、「金融庁『マネー・ローンダリング及びテロ資金供与対策に関するガイドライン』を踏まえた普通預金規定・参考例について」を公表し、マネー・ローンダリング等の疑いのある取引に関して、「取引の制限等」と口座の「解約等」を可能とすることを明確にしています。改定された規定は第Ⅱ部に掲載してありますが（p. 84・85参照）、ここではそのポイントを解説しておきます。

1 取引の制限等

従来の普通預金規定ひな型は、口座の解約と停止についてのみ定めているだけで、口座を利用した取引の一部を制限することを明示的に定める規定はなかったのですが、「取引の制限等」に関する規定が新設され

ました。

その第1項は、金融庁ガイドラインが求める顧客管理のために、預金者の情報や具体的な取引の内容等を把握することを可能とする目的で、金融機関が預金者に対して、提出期限を指定して各種確認や資料の提出を求めることがある旨と、預金者から正当な理由なく指定した期限までに回答がない場合には、入金や払戻し等の取引の一部を制限する場合があることを定めています。

第2項は、前項に基づく確認や資料提出の求めに対する預金者の回答、具体的な取引の内容、預金者の説明内容およびその他の事情を考慮して、銀行がマネー・ローンダリング等のおそれがあると判断した場合に、入金や払戻し等の取引の一部を制限することができるとするものです。

そして、第3項は、預金者からの説明等によって、マネー・ローンダリング等のおそれが合理的に解消されたと金融機関が認める場合に、取引の制限を解除する旨を定めています。

2 解約等

普通預金規定・参考例は、預金口座の停止または解約事由として、「預金がマネー・ローンダリング、テロ資金供与、経済制裁関係法令等に抵触する取引に利用され、またはそのおそれがあると合理的に認められる場合」を追加しています。預金口座の取引の全部停止・解約が顧客に与える影響は非常に大きいことを踏まえ、合理的な理由がない解約は権利の濫用にあたるとみなされるおそれがあるので、慎重に判断する必要があります。

3 金融機関の商品・サービスが犯罪に悪用された事例

　効果的なマネー・ローンダリング対策を講ずるためには、その規模や手口を把握する必要があります。マネー・ローンダリング関連事犯の検挙状況や犯罪による収益の剥奪状況を知ることで、マネー・ローンダリング対策の課題を知る手がかりとなります。

(1)　来日外国人によるマネー・ローンダリング事犯

　2023年中にマネー・ローンダリング事犯で検挙されたもののうち、来日外国人が関与したものは、犯罪収益等隠匿事件（他人名義の口座への振込入金の手口を用いる窃盗、詐欺等）が69件、犯罪収益等収受事件（窃盗、詐欺、文書偽造事犯、賭博事犯等で得た犯罪収益等を直接または口座を介して受け渡しする手口等）が34件の合計103件で、全体の14.5％を占めています。これを犯罪別に見ると詐欺が36件と最も多く、窃盗が35件等です。犯罪の手口としては、犯罪収益を得る際に日本国内に開設された他人名義の口座を利用する手口、不正入手した他人の電子決済コードを利用する手口、盗品等を買い取るなどして収受する手口等がみられます。

　また、来日外国人によるものではありませんが、海外で行われた詐欺の犯罪収益を正当な資金のようにみせかけたり、SNS（ソーシャル・ネットワーキング・サービス）等を通じて知り合った者からだまし取った犯罪収益を正当な海外送金にみせかけて、真の資金の出所や所有者、資金の実態を隠匿しようとするマネー・ローンダリング行為が行われています。

(2)　犯罪収益移転防止法違反の検挙状況

　銀行口座の売買は買う側、売る側ともに罪に問われます。また、売買された口座は振り込め詐欺（投資勧誘詐欺や還付金等詐欺など）、資金洗浄（ヤミ金融業者、マネー・ローンダリング）、ネットショッピング詐欺など、さまざまな犯罪で悪用される危険があります。

　マネー・ローンダリングとテロ資金供与を防止するための法律である犯罪収益移転防止法（正式名称は「犯罪収益の移転防止に関する法律」）には、特定事業者の所管行政庁による監督上の措置の実効性を担保するための罰則および預貯金通帳等の不正譲渡等に対する罰則が規定されており、警察では、これらの行為の取締りを強化しています。多くのマネー・ローンダリング事犯において、他人名義の預貯金通帳が悪用されていますが、2023年中における預貯金通帳等の不正譲渡等の検挙件数は3,424件と、前年より358件増加しました。（以上、警察庁「犯罪収益移転防止に関する年次報告書（2023年）」より）

4　疑わしい取引の届出制度

(1)　制度の概要

　金融機関は、犯罪収益移転防止法上の「特定事業者」として、犯罪による収益との関係が疑われる取引を所管行政庁に届け出ることが義務付けられています（同法8条）。疑わしい取引の届出制度は、金融機関が届け出た情報をマネー・ローンダリング事犯およびその前提犯罪の捜査等に役立てるとともに、金融機関の提供するサービスが犯罪者に利用されることを防止し、金融機関に対する信頼を確保することを目的とする

図表 序-4　疑わしい取引の届出が必要な場合

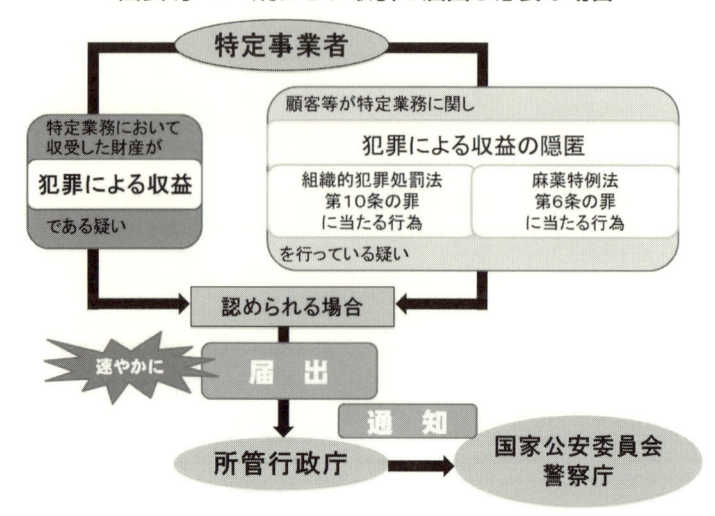

（出所）警察庁「犯罪収益移転防止に関する年次報告書（2023年）」

制度です。

　特定事業者が当該特定事業者を所管する行政庁に届け出た疑わしい取引は、国家公安委員会・警察庁に集約され、マネー・ローンダリング事犯等の捜査・調査に活用されています。

(2)　届出が必要な場合

　特定事業者は、業務において収受した財産が犯罪による収益である疑いまたは顧客等が業務に関し、組織的犯罪処罰法10条の罪（犯罪収益等隠匿）または麻薬特例法第6条の罪（薬物犯罪収益等隠匿）に該当する行為を行っている疑いがあると認められる場合には、速やかに所管行政庁（金融機関の場合は金融庁）に届け出なければなりません。

(3)　疑わしい取引の参考事例

　金融庁が公表している預金取扱い金融機関向けの「疑わしい取引の参

考事例」は、金融機関等が疑わしい取引の届出義務を履行するにあたって、疑わしい取引に該当する可能性のある取引として特に注意を払うべき取引の類型を例示したものです。

　個別具体的な取引が疑わしい取引に該当するか否かについては、金融機関等において、顧客の属性、取引時の状況その他保有している当該取引にかかる具体的な情報を最新の内容に保ちながら総合的に勘案して判断する必要があるとされています。

　したがって、これらの事例は、金融機関等が日常の取引の過程で疑わしい取引を発見または抽出する際の参考となるものですが、これらの事例に形式的に合致するものがすべて疑わしい取引に該当するというわけではない一方、これに該当しない取引であっても、金融機関等が疑わしい取引に該当すると判断したものは届出の対象となることに注意を要します。

「疑わしい取引の参考事例」に例示された類型のうち、外国との取引に着目した事例は、次のとおりです。

(1)　他国（日本国内の非居住者を含む。以下同じ。）への送金にあたり、虚偽の疑いがある情報または不明瞭な情報を提供する顧客にかかる取引。特に、送金先、送金目的、送金原資等について合理的な理由があると認められない情報を提供する顧客にかかる取引。

(2)　短期間のうちに頻繁に行われる他国への送金で、送金総額が多額にわたる取引。

(3)　経済合理性のない目的のために他国へ多額の送金を行う取引。

(4)　経済合理性のない多額の送金を他国から受ける取引。

(5)　多額の旅行小切手または送金小切手（外貨建てを含む。）を頻繁に作成または使用する取引。

(6)　多額の信用状の発行にかかる取引。特に、輸出（生産）国、輸入数量、輸入価格等について合理的な理由があると認められない情報を提

供する顧客に係る取引。

(7) 資金洗浄・テロ資金供与対策に非協力的な国・地域または不正薬物の仕出国・地域に拠点を置く顧客が行う取引。

(8) 資金洗浄・テロ資金供与対策に非協力的な国・地域または不正薬物の仕出国・地域に拠点を置く者（法人を含む。）との間で顧客が行う取引。

(9) 資金洗浄・テロ資金供与対策に非協力的な国・地域または不正薬物の仕出国・地域に拠点を置く者（法人を含む。）から紹介された顧客に係る取引。

(10) 輸出先の国の技術水準に適合しない製品の輸出が疑われる取引。

(11) 貿易書類や取引電文上の氏名、法人名、住所、最終目的地等情報が矛盾した取引。

(12) 小規模な会社が、事業内容等に照らし、不自然な技術的専門性の高い製品等を輸出する取引。

(13) 貿易書類上の商品名等の記載内容が具体的でない取引。

(14) 人身取引リスクの高い国・地域に対し、親族と思われる者へ繰り返し少額の送金を行っている取引。

　2020 年から 2022 年までの間の預金取扱金融機関による疑わしい取引の届出件数は約 144 万件にのぼっています。

　次に、「疑わしい取引の参考事例」に例示された類型のうちで届出件数が多かったものを参考までに紹介しておきます（図表 序−5　国家公安委員会「犯罪収益移転危険度調査書（2022 年 12 月）」より）。

　外国への送金や資金洗浄・テロ資金供与対策に非協力的な国・地域または不正薬物の仕出国・地域に拠点を置く顧客との取引等については、すでに各金融機関でリスクに応じたチェック機能を強化していると思いますが、引き続き注意して手続きを行っていきましょう。

図表 序-5　疑わしい取引の届出件数の多い類型

届出のあった疑わしい取引	届出件数（%）
職員の知識、経験等から見て、不自然な態様の取引または不自然な態度、動向等が認められる顧客にかかる取引	24万7,022件（22.0%）
暴力団員、暴力団関係者等にかかる取引	14万3,002件（12.8%）
多数の者から頻繁に送金を受ける口座にかかる取引。特に、送金を受けた直後に当該口座から多額の送金または払戻しを行う場合	8万6,993件（7.8%）
経済的合理性のない多額の送金を他国から受ける取引	7万672件（6.3%）
通常は資金の動きがないにもかかわらず、突如多額の預金取引が行われる口座にかかる取引	6万7,759件（6.1%）
多額の現金または小切手により、入出金（有価証券の売買、送金及び両替を含む。以下同じ。）を行う取引。特に、顧客の収入、資産等に見合わない高額な取引、送金や自己宛小切手によるのが相当と認められる場合であるにもかかわらず、あえて現金による入出金を行う取引	6万7,729件（6.0%）
多額の入出金が頻繁に行われる口座にかかる取引	4万2,737件（3.8%）
口座開設時に確認した取引を行う目的、職業または事業の内容等に照らし、不自然な態様・頻度で行われる取引	4万1,304件（3.7%）
経済的合理性のない目的のために他国へ多額の送金を行う取引	3万8,270件（3.4%）

(4)　外国人が関与する犯罪の特徴

　「犯罪収益移転危険度調査書」（2023年12月）によれば、外国人が関与する犯罪には、法制度や取引システムの異なる他国に犯罪収益が移転することによってその追跡が困難となるほか、来日外国人等で構成される犯罪グループがメンバーの出身国に存在する別の犯罪グループの指示

を受けて犯罪を敢行するなどの特徴があります。また、その人的ネットワークや犯行態様等が一国内のみで完結せず、国境を越えて役割が分担されることがあり、巧妙化・潜在化する傾向を有しています。

2022 年中のマネー・ローンダリング事犯の検挙件数のうち、来日外国人によるものは 108 件で、全体の 14.9 ％を占めています。

過去 3 年間の組織的犯罪処罰法にかかるマネー・ローンダリング事犯検挙件数について国籍等別にみると、中国とベトナムが多く、特に中国が全体の半数近くを占めています。これらを犯罪別にみると、詐欺が最も多く、次いで窃盗、入管法違反の順となっており、取引等別にみると、内国為替取引が最も多く、次いでクレジットカード、現金取引、前払式支払手段の順となっています。

なお、内国為替取引、預金取引等の悪用により預金口座が使用されたマネー・ローンダリング事犯のうち、外国人が名義人となる架空・他人名義口座を使用するものが 6 割を超えています。

また、過去 3 年間の預貯金通帳・キャッシュカード等の不正譲渡等に関する犯罪収益移転防止法違反事件の国籍等別の検挙件数では、ベトナムが全体の約 7 割を占めています。

さらに、過去 3 年間の疑わしい取引の届出の通知件数は、国籍等別ではベトナムと中国に関する届出が多く、特にベトナムに関する届出が近年大幅に増加しています。

第 I 部
外国人と在留資格

　第 I 部では「在留外国人」とはどのような人のことをいうのか、「在留資格」にはどのようなものがあるのかについて解説します（巻末資料として在留資格・在留期間を規定した入管法別表の概要を掲載します）。

　在留資格とは、外国人が日本に在留する間、一定の活動を行うことができることを示す「入管法上の法的な資格」のことです。口座開設の際などには、この資格に見合った取引理由なのかチェックしますので、しっかりと内容を把握しましょう。

1 日本人とは

　外国人について勉強する前に、まず日本人とはどういう人たちのことをいうのかをまとめます。

　日本人（日本国籍について定めている国籍法では「日本国民」といっています）とは、日本の国籍を持つ人のことで、これに対して外国人とは、日本国籍を有しない人を指します。

　複数の金融機関のテラーから「外国人のお客さまだと思って対応していたら、帰化して日本人になったと言われた」と聞いたことがあります。外国人が帰化許可申請をして日本国籍を取得する場合には、国籍法に定められている、日本国籍を取得するための条件があります。理解しておきましょう。

(1) 日本国籍の取得

　日本国籍の取得や喪失については、国籍法で定められています。
　日本国籍を取得する原因には、出生、届出、帰化の3つがあります。

1　**出生**（国籍法2条）
　(1)　出生の時に父または母が日本国民であるとき
　(2)　出生前に死亡した父が死亡の時に日本国民であったとき
　(3)　日本で生まれ、父母がともに不明のとき、または無国籍のとき

2　**届出**（同法3条、17条）：一定の要件を満たす人が、法務大臣に対して届け出ることによって、日本国籍を取得するという制度
　(1)　認知された子の国籍の取得
　(2)　国籍の留保をしなかった人の国籍の再取得^(注1)
　(3)　その他の場合の国籍の取得

3　**帰化**（同法第4条から9条まで）：日本国籍の取得を希望する外

国人からの意思表示に対して、法務大臣の許可によって、日本の国籍を与える制度

（注1）外国で生まれた子で、出生によって日本国籍と同時に外国国籍も取得した子は、一定の期間内に、日本国籍を「留保」という手続きをしなければ、その出生の時にさかのぼって日本国籍を失うこととされています（国籍法12条、戸籍法104条）。子の日本国籍を失わせないためには、以下の手続きにより、国籍の留保の届出をする必要があります。

① 届出方法：父または母や、その他の法定代理人が、子の出生の日から3か月以内に出生の届出とともに日本国籍を留保する旨の届出をする必要があります。具体的には、出生届の用紙中に、「日本国籍を留保する」旨の記載をすることとなります。

② 届出先：外国にある日本の大使館・領事館または市区町村役場

③ 日本国籍の留保をせずに日本国籍を失った場合：18歳未満^{（注2）}であって日本に住所を有するときは、法務大臣へ届け出ることによって、日本国籍を再取得することができます。

（注2）成年年齢の引下げに伴う措置

2018（平成30）年に成年年齢の引下げ等を内容とする「民法の一部を改正する法律」が可決・成立し、2022（令和4）年4月1日から施行されました。この改正を受け、国籍法についても次のとおり改正が行われ、同日から施行されました。

① 国籍の再取得をすることができる年齢（同法17条1項）：旧法では20歳未満とされていましたが、改正により18歳未満とされました。

② 国籍の選択をすべき期限（国籍法14条1項）：旧法では、重国籍となった時が20歳未満であるときは22歳に達するまで、重国籍となった時が20歳以上であるときは、その時から2年以内とされていましたが、改正により、重国籍となった時が18歳未満であるときは20歳に達するまで、重国籍となった時が18歳以上であるときは、その時から2年以内とされました。

なお、国籍の再取得をすることができる年齢に関しては、経過措置が設けられています。経過措置を含めた取扱いは、下表のとおりです。

図表Ⅰ-1　国籍の再取得をできる年齢・国籍の選択期限

	対象者	取扱い
国籍の再取得をすることができる年齢 (国籍法17条1項)	2006年4月1日以前に生まれ、国籍法12条の規定により日本の国籍を失った人	2024年3月31日までは国籍の再取得の届出をすることが可能（届出時に20歳未満である場合に限る）。
	2006年4月2日以降に生まれ、国籍法12条の規定により日本の国籍を失った人	18歳になるまでの間に限り、国籍の再取得の届出をすることが可能。
国籍の選択をすべき期限 (国籍法14条1項)	2002年4月1日以前に生まれ、2022年4月1日時点で重国籍の人	重国籍となった時が20歳未満であるときは22歳に達するまで、重国籍となった時が20歳以上であるときはその時から2年以内に、いずれかの国籍を選択し、国籍の選択の届出をする必要がある[注]。
	2002年4月2日から2004年4月1日までに生まれ、2022年4月1日時点で重国籍の人	2024年3月31日までにいずれかの国籍を選択し、国籍の選択の届出をする必要がある[注]。
	2004年4月2日以降に生まれた重国籍の人	重国籍となった時が18歳未満であるときは20歳に達するまで、重国籍となった時が18歳以上であるときはその時から2年以内に、いずれかの国籍を選択する必要がある[注]。

（注）この選択期限を経過してしまった場合であっても、国籍の選択の届出をする必要があります。なお、外国の国籍を離脱したときにも、その届出をする必要があります。

（出所）法務省ホームページ「国籍Q&A」

(2) 外国で生まれた日本人の子

(1) を踏まえて、日本人の子供が外国で生まれた場合の国籍はどうなるのかを見てみましょう。

外国で生まれた人や、父または母が外国人である人は、日本国籍のほかに外国国籍も有する重国籍者である可能性があります。重国籍者には、所定の期限までに、自己の意思に基づいて、日本か外国のいずれかの国籍を選ぶという国籍の選択制度があります。

国籍を選択する必要があるのは、重国籍者が2つ以上の国家に所属することから、a.それぞれの国の外交保護権が衝突することにより国際的摩擦が生じるおそれがある、b.それぞれの国において別人として登録されるため、各国において別人と婚姻するなど、身分関係に混乱が生じるおそれがある、等のためです。

前述のように、重国籍者は、重国籍となった時が18歳未満であるときは20歳に達するまでに、重国籍となった時が18歳以上であるときはその時から2年以内に、いずれかの国籍を選択しなければなりません（国籍法14条1項）。

この期限内に国籍の選択をしないでいると、法務大臣から国籍選択の催告を受け、場合によっては日本国籍を失うことがあります。

重国籍者による国籍の選択は、自分の意思で次のいずれかの方法で行います。

1 「外国」の国籍を選択する場合：(1) か (2) のいずれかの方法

(1) 日本の国籍を離脱する方法；住所地を管轄する在外公館または日本国内の法務局・地方法務局に戸籍謄本、住所を証明する書面、外国国籍を有することを証する書面を添付して、国籍離脱届を提出します。この届出は、日本国籍を離脱する本人（15歳未満である場合は、法定代理人）が自ら在外公館または日本国内の

法務局・地方法務局に出向く必要があります。

（2）外国の国籍を選択する方法：当該外国の法令により、その国の国籍を選択した場合は、外国国籍を選択したことを証明する書面を添付して、在外公館または日本国内の市区町村役場に国籍喪失届を提出します。

2　「日本」の国籍を選択する場合：（1）か（2）のいずれかの方法

（1）当該外国の国籍を離脱する方法：当該外国の法令により、その国の国籍を離脱した場合は、その離脱を証明する書面を添付して在外公館（日本大使館・総領事館）または日本国内の市区町村役場に外国国籍喪失届を提出します。

（2）日本の国籍の選択を宣言する方法：戸籍謄本を添付して在外公館または日本国内の市区町村役場に「日本の国籍を選択し、外国の国籍を放棄する」旨の国籍選択届を提出します。

日本人夫婦の子どもが、米国で生まれたケースで見てみましょう。

米国の場合、日本国民である父または母（あるいは父母）の子として米国で生まれた子は日米の二重国籍となります（出生後3か月以内に日本の役所（大使館、総領事館、本籍地役場）に出生届を行った場合）。

ただし先述のとおり、日本の国籍法は単一国籍が原則ですから、外国の国籍と日本の国籍を有する人（重国籍者）は、その二重国籍になった時が18歳未満であれば20歳までに、18歳以上であればその時から2年以内に、どちらかの国籍を選択しなければなりません。選択しない場合は、日本の国籍を失うことがあります。

なお、自己の意思で米国市民権を取得した場合は、その時点で日本国籍を失いますので二重国籍とはなりません。たとえば、米グリーンカード保持者が米国市民権を取得した場合は、米国市民権取得時点で日本国籍を自動的に喪失し二重国籍者ではありません（国籍喪失届を提出）。

このように、日本人の子が米国で生まれた人の場合には、日本国籍を

図表Ⅰ-2　国籍選択の流れ（概要）

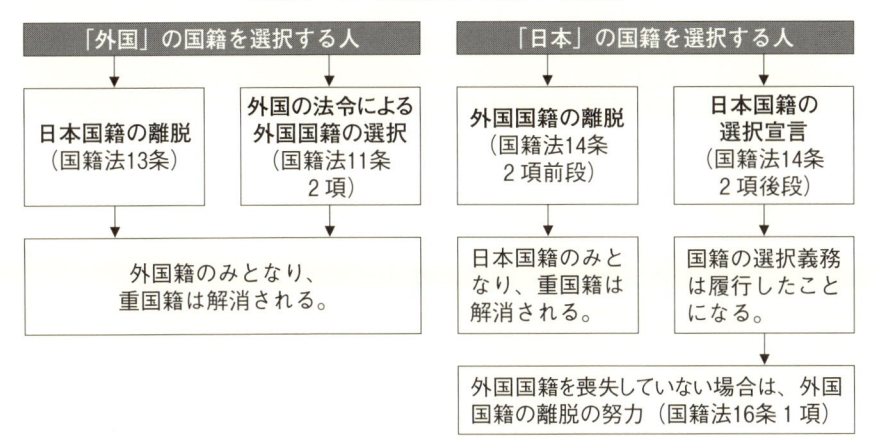

図表Ⅰ-3　国籍選択の具体的方法

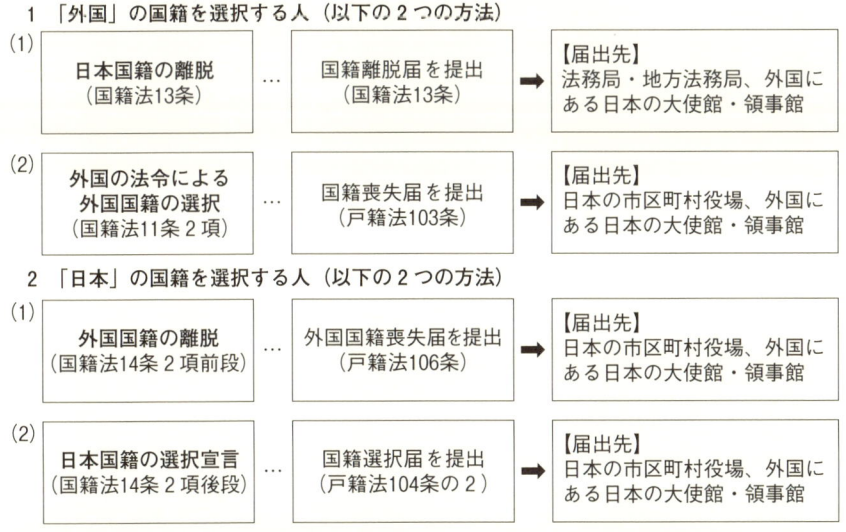

（注1）外国法令による外国国籍の選択方法については、当該外国政府または日本に駐在する外国公館に相談してください。

（注2）選択宣言で国籍を喪失する法制ではない外国の国籍を有する人については、この選択宣言後、当該外国国籍の離脱に努めなければなりません（国籍法16条1項）。離脱の手続きについては、当該外国政府または日本に駐在する外国公館に相談してください。

（出所）法務省ホームページ「国籍の選択について」

有するのか、米国国籍を有するのかがわかりませんので、FATCA 等の確認の際などには、外見で思い込みをせずに、きちんと申告していただくよう注意が必要です。

(3) 帰 化

帰化とは、その国の国籍を有しない人（外国人）からの国籍の取得を希望する旨の意思表示に対して、国家が許可を与えることによって、その国の国籍を与える制度です。日本では、帰化の許可は、法務大臣の権限とされています（国籍法 4 条）。法務大臣が帰化を許可した場合には、官報にその旨が告示されます（p. 135 参照）。

帰化の一般的な条件には、次のようなものがあります（同法 5 条）。これらは、日本に帰化するための最低限の条件を定めたものです。条件を満たしていたとしても、必ず帰化が許可されるとは限りません。

① **住所条件**（同条 1 項 1 号）

帰化の申請をする時まで、引き続き 5 年以上日本に住んでいることが必要です。なお、住所は、適法なものでなければなりませんので、正当な在留資格を有していなければなりません。

② **能力条件**（同条 1 項 2 号）

年齢が 18 歳以上であって、かつ、本国の法律によっても成人の年齢に達していることが必要です。

③ **素行条件**（同条 1 項 3 号）

素行が善良であることが必要です。素行が善良であるかどうかは、犯罪歴の有無や態様、納税状況や社会への迷惑の有無等を総合的に考慮して、通常人を基準として、社会通念によって判断されることとなります。

④ **生計条件**（同条 1 項 4 号）

生活に困るようなことがなく、日本で暮らしていけることが必要

です。この条件は生計を一つにする親族単位で判断されますので、申請者自身に収入がなくても、配偶者やその他の親族の資産または技能によって安定した生活を送ることができれば、この条件を満たすこととなります。

⑤ **重国籍防止条件**（同条1項5号）

帰化しようとする人は、無国籍であるか、原則として帰化によってそれまでの国籍を喪失することが必要です（同条2項）。

⑥ **憲法遵守条件**（同条第1項第6号）

日本の政府を暴力で破壊することを企てたり、主張するような人、あるいはそのような団体を結成したり、加入しているような人は帰化が許可されません。

なお、日本と特別な関係を有する外国人（日本で生まれた人、日本人の配偶者、日本人の子、かつて日本人であった人等で、一定の人）については、上記の帰化の条件が一部緩和されています（同法6条〜8条）。

帰化すれば、苗字を自分で自由に決めることができるようになります。外国での名前に漢字をあてることも可能です（例：サントス＝三都主など）。

ただし、漢字に関しては常用漢字や人名用漢字にないものに関しては名字に使うことはできません。韓国籍や中国籍の方など他の漢字圏の国籍を持つ人が、そのままの漢字表記では名字を申請できないことになります。またアルファベットやハングルなどの外国文字は一切認められていません。

日本のパスポートの発行や公務員への就職、選挙での投票などが可能になりますが、審査期間は1年前後と長いうえに、膨大な書類を提出しなければなりません。また、元の国籍に戻りたい場合は、その国への帰化の申請が必要です。

これに対して永住権は、出身国の国籍は失わないうえに、日本人とほ

ほ同等の権利を与えられます。つまり、日本人と同じように日本国内で行動できるようになります。国籍を失わないうえに多くの権利を与えられるため、多くの外国人が永住権の取得を求めています。しかし、永住許可のハードルも高いため、すぐに取得できるわけではありません。

2 外国人とは

次に、外国人について確認をします。

日本にいる総在留外国人とは、在留外国人（「中長期在留者」および「特別永住者」）に、たとえば観光目的で一時的に日本に滞在していた人も加えた人たちのことを指します。

ここでは、日本の金融機関に新規口座開設のため来店する可能性のある在留外国人についてまとめます。

在留外国人の在留外国人在留資格の変更や在留期間の更新、在留カードの交付、住居地や氏名などの変更、在留資格の取消しの手続きなどについては、入管法（正式名称は「出入国管理及び難民認定法」）に定められています。

(1) 中長期在留者

中長期在留者は、入管法の在留資格をもって我が国に中長期間（最長5年）在留する外国人で、2012年7月からスタートした新しい在留管理制度により創設されました（同法19条の3）。この制度の対象となる中長期在留者は、たとえば、日本人と結婚している人や日系人（在留資格が「日本人の配偶者等」や「定住者」）、企業等に勤務している人（在留資格が「技術」や「人文知識・国際業務」など）、技能実習生、留学生や永住者の人であり、観光目的で我が国に短期間滞在する人は対象とな

りません。

　具体的には、次の①〜⑥のいずれにもあてはまらない外国人に「在留カード」が交付されます。交付された在留カードは、パスポートの代わりに常時携帯しなければならないことになっています。

①　「3月」以下の在留期間が決定された人
②　「短期滞在」の在留資格が決定された人
③　「外交」または「公用」の在留資格が決定された人
④　「特定活動」の在留資格が決定された、台湾日本関係協会の日本国内の事務所（台北駐日経済文化代表処等）もしくは駐日パレスチナ総代表部の職員またはその家族
⑤　特別永住者
⑥　在留資格を有しない人

　なお、日本に入国して新しく中長期在留者になった人は、住居地を定めた日から14日以内に、在留カードを持参のうえ、住居地の市区町村窓口に住居地の届出を行う必要があります。また、届出後マイナンバーカードの交付を申請することができます。

　なお、中長期在留外国人がより高い利便性を得ることができるよう、在留カードとマイナンバーカードの一体化について、2024（令和6）年通常国会において成立した入管法等の一部改正法の公布後2年以内の施行に向けて、政省令やシステム等の整備が予定されています（外国人材の受入れ・共生に関する関係閣僚会議「外国人との共生社会の実現に向けたロードマップ」2024年6月21日）。

(2)　特別永住者

　特別永住者とは、1991年11月に施行された入管特例法（正式名称は「日本国との平和条約に基づき日本の国籍を離脱した者等の出入国管理に関する特例法」）の規定による在留資格を持つ外国人のことです。入

管特例法の対象となるのは、第二次世界大戦の以前から日本に居住して日本国民として暮らしていた外国人です。具体的には、サンフランシスコ平和条約により日本国籍を失った人たちで、主に韓国・北朝鮮や台湾出身者が占めています。また、特別永住者の子孫もその対象となり、両親のどちらか一方が特別永住者であれば、特別永住許可を申請することができます。

これまで在留外国人といえば、特別永住者が多かったのですが、現在は高齢化が進み減少しています。

特別永住者には「特別永住者証明書」が交付されますが、特別永住者証明書は在留カードと違って常時携帯義務はありません。なお、一般永住者も特別永住者も就労上の制限はなく、日本人と同じように働くことができます。

3 在留資格

(1) 在留資格とは

在留資格とは、外国人が日本に在留する間、一定の活動を行うことができること、または、一定の身分や地位を有する者としての活動を行うことができることを示す、入管法に基づく法的な資格（日本に合法的に滞在するための資格）のことのことです。

外国人は、目的に合わせた在留資格を取得することによって、許可された期間まで日本に滞在、活動することができます。

在留資格には、就労できない資格、就労可能な資格など、全部で29種類の資格があります。

(2) ビザ（査証）と在留資格

在留資格が誤ってビザ（査証）と呼ばれることがありますが、本来、ビザと在留資格は別のものです。

「ビザ」とは、日本に入国しようとする外国人が所持する旅券（パスポート）が真正であり、かつ日本への入国に有効であることを外務省・在外公館が確認するもので、それぞれ定められた条件の下で、当該外国人の日本への入国（滞在）が適当であることについての推薦という性質を持ちます。したがって、ビザは上陸審査を通過すればその役割も終わります。

これに対して、「在留資格」とは、外国人が日本で行うことができる活動等を類型化したもので、法務省（出入国在留管理庁）が外国人に対する上陸審査・許可の際に付与する資格です。

(3) 在留資格の種類

在留資格の種類は29種類あります。大きく分けて、活動制限の少ない身分または地位に基づく在留資格（居住資格）と、活動内容や在留期間などの制限を受ける在留資格（活動資格）の2種類です（巻末資料4「在留資格・在留期間一覧表」参照）。就労ビザは後者に含まれます。

在留外国人の在留資格は、在留カードなどを見ることで確認することができます。在留カードは入国管理局が発行する外国人の在留許可証

図表Ⅰ-4　在留資格の種類

居住資格	永住者、日本人の配偶者等、永住者の配偶者等、定住者
活動資格	外交、公用、教授、芸術、宗教、報道、高度専門職、経営・管理、法律・会計業務、医療、研究、教育、技術・人文知識・国際業務、企業内転勤、介護、興行、技能、特定技能、技能実習、文化活動、短期滞在、留学、研修、家族滞在、特定活動

で、在留期間も記載されています。在留カードについては、後述の「外国人の本人確認書類」で見ていきましょう。

(4) 居住資格

居住資格では、就労は制限されていません。

- 永住者……法務大臣から永住の許可を受けた人
- 日本人の配偶者等……日本人の配偶者や子・特別養子など
- 永住者の配偶者等……永住者の配偶者や子など
- 定住者……法務大臣が一定の理由を考慮して一定の期間の居住を認めた者

1 永住者

永住者と特別永住者は、日本において永住を許可された在留資格であるという点では同一ですが、違いもあります。前述したように、特別永住者が入管特例法に基づく在留資格であるのに対して、永住者は、入管法に基づき法務大臣から永住許可を受けた外国人のことで、根拠となる法律が異なっています。

不法就労防止のため、永住者を含めた外国人雇用の際には在留カードによる在留資格の確認が求められていますが、特別永住者の場合にはそのような確認は求められていません。また、労働施策総合推進法に基づき、永住者を含めた外国人の雇用や離職の際に提出が求められている外国人雇用状況届も特別永住者は対象外とされています。

永住許可を得るためには、原則として、10年以上継続して日本に在留していることなど、次の3つの要件を満たさなければなりません（「永住許可に関するガイドライン」2023年4月21日改定）。

(1) 素行が善良であること

法律を遵守し日常生活においても住民として社会的に非難されることのない生活を営んでいること。

(2)　独立の生計を営むに足りる資産または技能を有すること

　　　日常生活において公共の負担にならず、その有する資産または技能等から見て将来において安定した生活が見込まれること。

(3)　その者の永住が日本国の利益に合すると認められること

①　原則として引き続き10年以上日本に在留していること。ただし、この期間のうち、就労資格（在留資格「技能実習」および「特定技能1号」を除く。）または居住資格をもって引き続き5年以上在留していることを要する。

②　罰金刑や懲役刑などを受けていないこと。公的義務（納税、公的年金および公的医療保険の保険料の納付ならびに入管法に定める届出等の義務）を適正に履行していること。

③　現に有している在留資格について、入管法施行規則別表第二に規定されている最長の在留期間をもって在留していること。

④　公衆衛生上の観点から有害となるおそれがないこと。

　ただし、日本人、永住者または特別永住者の配偶者または子である場合には、(1) および (2) に適合することを要しない。また、難民の認定を受けている者の場合には、(2) に適合することを要しない。

　上記の原則10年在留という要件については、特例で10年未満の滞在でも永住者として認められるケースがあります。たとえば、次のような場合です。

- 日本人・永住者・特別永住者の配偶者で、実体を伴った婚姻生活が3年以上継続し、かつ、引き続き1年以上日本に在留していること。その実子等の場合は1年以上日本に継続して在留していること
- 定住者の在留資格で5年以上継続して日本に在留していること
- 難民の認定を受け認定後5年以上継続して日本に在留していること
- 外交、社会、経済、文化等の分野において我が国への貢献があると

認められる者で、5年以上日本に在留していること

　永住者には、在留カードが交付されます。

2 定住者

　定住者は、法務大臣が特別な事情を考慮して認めた在留資格で、日本人の配偶者等の在留資格を持つ者が、配偶者と離婚や死別した場合等が該当します。また、配偶者との離死別等による身分上の変更のほかに、難民認定を受けた外国人や日系人等も定住者の対象です。

　永住者も定住者も就労上の制限のない身分系在留資格であることは同様ですが、在留期間の制限のない永住者に対して、定住者には在留期間の制限があることが最大の違いとなります。

(5)　活動資格

　永住者や定住者は就労に制限はありませんが、活動に基づく在留資格は、下表のように一定の制限があります。

　よって、取引時確認を実施する際には、たとえば、就労できない在留資格なのに「取引の目的」が「給与受取」になっていないかなど、整合性がとれているかをチェックすることが大切です。

図表 I−5　活動に基づく在留資格

各在留資格に定められた範囲での就労が可能な在留資格	外交、公用、教授、芸術、宗教、報道、高度専門職、経営・管理、法律・会計業務、医療、研究、教育、技術・人文知識・国際業務、企業内転勤、介護、興行、技能、特定技能、技能実習
就労はできない在留資格	文化活動、短期滞在、留学、研修、家族滞在
個々の外国人に与えられた許可の内容により就労の可否が決められる在留資格	特定活動

（6） 技能実習制度

① 技能実習制度とは

　1993年に創設された技能実習制度は、開発途上国等の人材を一定期間（最長5年間）受け入れ、OJTを通じて我が国で培われた技能、技術または知識を修得し、帰国後にその技能等を活用することを目的としています。

　研修生や技能実習生の受入機関の一部には、制度の本来の目的を十分に理解せず、実質的に低賃金労働者として扱うものが後を絶たず、その結果、労働関係法令の違反や人権侵害が生じている等の指摘がされる一方で、対象職種の拡大、実習期間の延長等の技能実習制度の拡充に関する要望も寄せられています。

　そのため、外国人の技能実習の適正な実施および技能実習生の保護を図るため、技能実習に関し、技能実習計画の認定および監理団体の許可の制度を設け、これらに関する事務を行う外国人技能実習機構を設ける等の措置を盛り込むなどした技能実習法（正式名称は「外国人の技能実習の適正な実務及び技能実習生の保護に関する法律」）が2017年11月1日から施行されています。

　また、2019年4月から新たな在留資格「特定技能」が創設され、介護、外食業、建設など「真に受入れが必要と認められる人手不足の分野」で「一定の専門性・技能を有し即戦力となる外国人材」の受け入れが始まりました。

　今後、新型コロナの感染状況や円安、日本国内の物価高騰などの不安定要因はありますが、外国人労働者の数は増加していくことが予想されます。

② 技能実習生の受入れ方式

　技能実習生を受け入れる方式には、団体監理型と企業単独型の2つの
タイプがあります。技能実習生 358,159 人のうち、団体監理型の受入れ
が 352,076 人（98.3 ％）、企業単独型の受入れが 6,083 人（1.7 ％）　と
なっています（2023 年 6 月末現在。技能実習での在留者数ベース）。

(1)　**団体監理型**：事業協同組合や商工会等の営利を目的としない団体
　　（監理団体）が技能実習生を受け入れ、傘下の企業等（実習実施者）
　　で技能実習を実施

図表Ⅰ-6　団体監理型

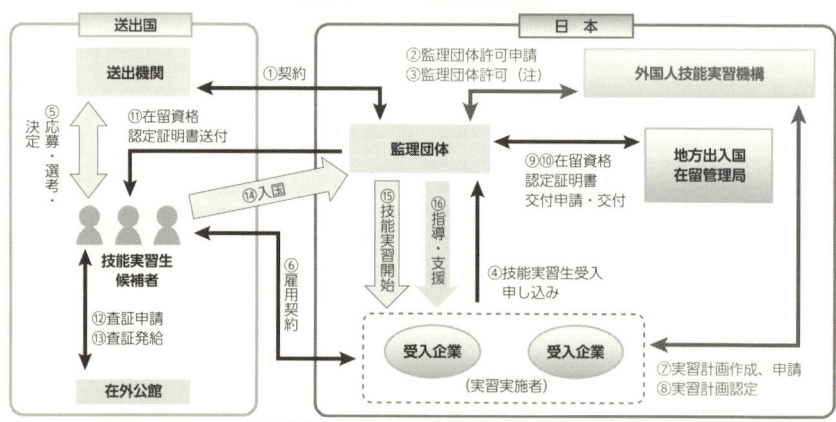

注：外国人技能実習機構による調査を経て、主務大臣（法務大臣・厚生労働大臣）が団体を許可

(2)　**企業単独型**：日本の企業等（実習実施者）が海外の現地法人、合
　　弁企業や取引先企業の職員を受け入れて技能実習を実施

図表Ⅰ-7　企業単独型

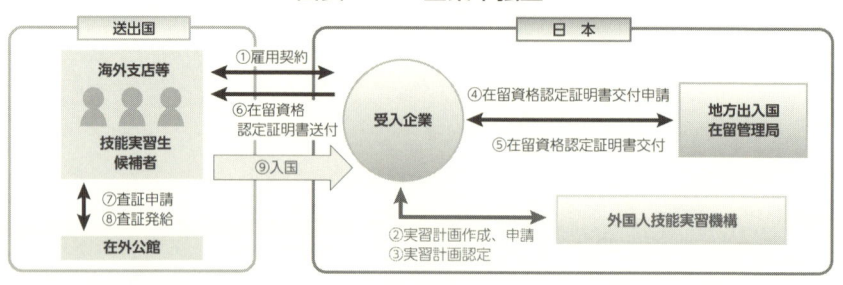

③ 技能実習の種類

技能実習には、1号・2号・3号の3種類があります。

図表Ⅰ-8　技能実習の種類

入国1年目 （技能等を修得）	技能実習1号 （イ・ロ）	入国後の1年間、原則2か月間の講習と実習実施機関のもとで実習を行う。
入国2・3年目 （技能等に習熟）	技能実習2号 （イ・ロ）	1号技能実習期間の最後に行われる技能検定試験に合格した者が、次の2年間、送り出し国のニーズがあり、かつ公的な技能評価制度が整備されている職種を対象とする実習を行う。
入国4・5年目 （技能等に熟達）	技能実習3号 （イ・ロ）	技能実習2号の修了後、1か月以上の帰国を経た後、所定の技能評価試験の実技試験に合格した者を対象として、監理団体および実習実施者が優良と認めた実習生が、さらに2年間、実習を行う。

（注）各号の末尾に付される「イ」は企業単独型、「ロ」は団体監理型

④ 技能実習の流れ

技能実習生は入国後に、日本語教育や技能実習生の法的保護に必要な知識等についての講習を受けた後、日本の企業等（実習実施者）との雇用関係の下で、実践的な技能等の修得を図ります（図表Ⅰ-9参照）。

（7）　特定技能制度

技能実習生が、母国で修得が困難な技能や知識を日本で身につけ、帰国後、その身につけた技術等を母国で活かしてもらうことが期待されているのに対して、特定技能制度は、特に中・小規模事業者をはじめ深刻化する人手不足の解消のため、国内で人材を確保することが特に難しい産業分野（特定産業分野）で、一定の専門性や技能を持っている外国人を受け入れることにより、人手不足を補うことを目的として2019年4月から実施されている在留資格制度です（入管法2条の2～2条の5）。

図表Ⅰ-9 技能実習の流れ

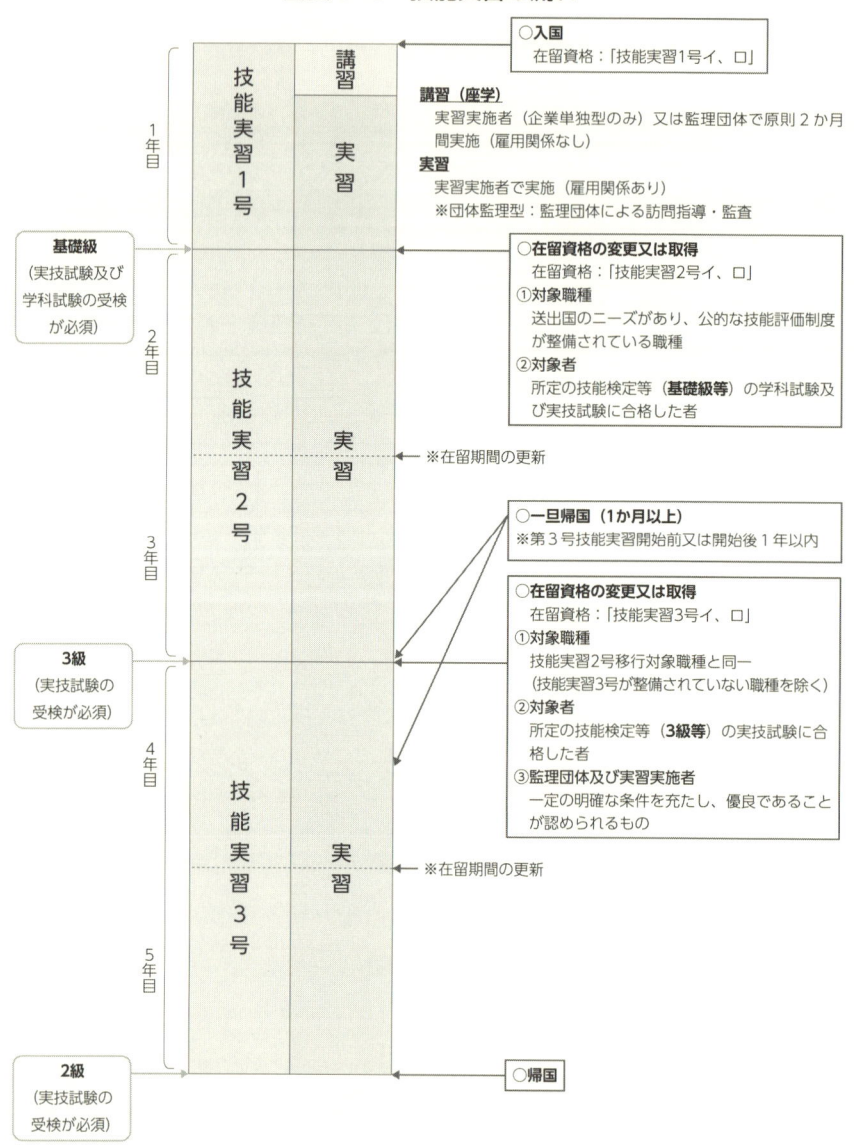

（図表Ⅰ-6・7・9出所）外国人技能実習機構パンフレット

特定技能には、以下の2種類があります。

- **特定技能1号**……特定産業分野に属する相当程度の知識または経験を必要とする技能を要する業務に従事する外国人向けの在留資格。在留者数：208,425人（2023年12月末現在、速報値）

- **特定技能2号**……特定産業分野に属する熟練した技能を要する業務に従事する外国人向けの在留資格。在留者数：37人（2023年12月末現在、速報値）

特定技能外国人を受け入れる分野は、生産性向上や国内人材確保のための取組を行ってもなお、人材を確保することが困難な状況にあるため、外国人により不足する人材の確保を図るべき産業上の分野（特定産業分野）です。なお、介護については別の資格で長期就労できるため、2号の対象には含まれていません。

図表Ⅰ-10　特定技能のポイント

	特定技能1号	特定技能2号
在留期間	1年を超えない範囲内で法務大臣が個々の外国人について指定する期間ごとの更新（通算で上限5年まで）	3年、1年または6か月ごとの更新
技能水準	試験等で確認（技能実習2号を修了した外国人は試験等免除）	試験等で確認
日本語能力水準	生活や業務に必要な日本語能力を試験等で確認（技能実習2号を修了した外国人は試験等免除）	試験等での確認は不要
家族の帯同	基本的に認められない	要件を満たせば可能（配偶者、子）
支援	受入れ機関または登録支援機関による対象	受入れ機関または登録支援機関による対象外

（出所）出入国在留管理庁「外国人材の受入れ及び共生社会実現に向けた取組」

図表 I - 11　特定産業分野

特定産業分野 （12分野）	①介護　②ビルクリーニング　③工業製品製造業　④建設　⑤造船・舶用工業　⑥自動車整備　⑦航空　⑧宿泊　⑨農業　⑩漁業　⑪飲食料品製造業　⑫外食業　⑬自動車運送業　⑭鉄道　⑮林業　⑯木材産業

（注）特定技能1号は16分野で受入れ可。下線の11分野で特定技能2号の受入れ可

図表 I - 12　就労が認められる在留資格の技能水準

	特定技能の在留資格	特定技能以外の在留資格
専門的・技術的分野	特定技能2号 ↑ 特定技能1号	高度専門職、教授 技術・人文知識・国際業務 介護、技能等
非専門的・非技術的分野	技能実習	

図表 I - 13　技能実習と特定技能の制度比較

	技能実習（団体監理型）	特定技能（1号）
関係法令	外国人の技能実習の適正な実施及び技能実習生の保護に関する法律／出入国管理及び難民認定法	出入国管理及び難民認定法
在留資格	在留資格「技能実習」	在留資格「特定技能」
在留期間	技能実習1号：1年以内、技能実習2号：2年以内、技能実習3号：2年以内（合計で最長5年）	通算5年
外国人の技能水準	なし	相当程度の知識または経験が必要

入国時の試験	なし（介護職種のみ入国時一定レベルの日本語能力要件あり）	技能水準、日本語能力水準を試験等で確認（技能実習2号を良好に修了した者は試験等免除）
送出機関	外国政府の推薦または認定を受けた機関	なし
監理団体	あり（非営利の事業協同組合等が実習実施者への監査等の監理事業を行う。主務大臣による許可制）	なし
支援機関	なし	あり（個人または団体が受入れ機関からの委託を受けて住居の確保等の支援を行う。出入国在留管理庁長官による登録制）
外国人と受入れ機関のマッチング	通常監理団体と送出機関を通して行われる	受入れ機関が直接海外で採用活動を行い、または国内外のあっせん機関等を通じた採用が可能
受入れ機関の人数枠	常勤職員の総数に応じた人数枠あり	人数枠なし（介護分野、建設分野を除く）
活動内容	技能実習計画に基づいて講習を受け、および技能等に係る業務に従事する活動（1号）技能実習計画に基づいて技能等を要する業務に従事する活動（2号、3号）（非専門的・技術的分野）	相当程度の知識または経験を必要とする技能を要する業務に従事する活動（専門的・技術的分野）
転籍・転職	原則不可。ただし、実習実施者の倒産等やむを得ない場合や、2号から3号への移行時は転籍可能	同一の業務区分内または試験によりその技能水準の共通性が確認されている業務区分間で転職可能

（出所）出入国在留管理庁「外国人材の受入れ及び共生社会実現に向けた取組」を参考に作成

(8) 「技能実習」から「育成就労」へ

　2023年11月、政府の「技能実習制度及び特定技能制度の在り方に関する有識者会議」は、厳しい職場環境に置かれた技能実習生の失踪が相次ぐなど現在の技能実習制度の問題を解決すべく、今の制度を廃止して人材の確保と育成を目的とした「育成就労制度」（仮称）の創設を盛り込んだ最終報告を取りまとめました。

　最終報告によると、「育成就労」は3年間の在留を基本とし、未熟練の外国人労働者を確保して、即戦力の人材と位置付けられる「特定技能1号」の水準まで育成することを目的としています。より高レベルの熟練技能が求められる「特定技能2号」の試験に合格すれば、家族帯同の無期限就労が可能となり、育成就労と特定技能を通じて永住への道が開かれることになります。

　技術移転が目的の技能実習では、同一職場で計画的に技能を学ぶとの考えに基づき、職場を変える「転籍」が原則3年間にわたって認められていません。一部では過酷な職場環境下で転籍できず、国内外から人権問題として批判がありました。

　これを払拭するため、最終報告では、「基礎的な技能・日本語試験に合格すれば、同じ仕事の範囲内で1年で転籍できる」としました。ただし、賃金差の関係などから都市部への人材流出が懸念されることから、「当分の間は分野によって1年を超える転籍制限を認める経過措置を検討する」との緩和策も提言、具体的な制度設計については、国会審議に委ねています（p.141　付「2024年入管法等改正のポイント」参照）。

　また、現行の技能実習制度は88の職種があるものの、「特定技能1号」は当時12分野しかなく、技能実習期間が終わった後にスムーズな移行ができないという課題があったため、どの職種でも「特定技能1号」に移行できるように職種の統一も盛り込まれました。

Column

高度人材獲得の選択肢として複数国籍を認める国が増加

　移民が人口の1割超を占めるドイツで、欧州連合（EU）圏出身者らに限っていた複数国籍を、非EU圏出身者にも認める国籍法の改正が議論されています。2022年の出生率が0.78と世界最低水準だった韓国も11年に国籍法を改正し、科学技術などの優秀な人材や結婚移住者を主な対象として、国内で外国籍を行使しないと誓約すれば、出身国の国籍を維持したまま韓国籍を取得できるようになりました。

　出身国以外での就労が珍しくなくなった今、複数国籍を認める動きが広がっています。外国で生まれたり、親が外国籍だったりして複数国籍となった人に一定期限までの国籍選択を迫る日本から見れば違和感もありますが、こうした国は世界では少数派です。欧州大学院の研究プロジェクトによると、何らかの形で複数国籍を認める国は78％にのぼっているといいます。

　働き手となる若年人口の減少が各国で見込まれるなか、優秀な人材の確保は共通の関心事です。裕福な外国人に国籍や永住権の取得を優遇する動きが広がっています。

　国籍のあり方は国民の権利や義務に直結します。多くの先進国で人口減少が始まり国境を越えた人材争奪戦が加速するなか、どのような人材を呼び込み、次世代の国づくりを目指すのか。国家戦略が問われています。（2023年4月6日付日本経済新聞参照）

第II部

外国人のお客さまとの取引で知っておきたい知識

口座開設にあたり、金融機関は、国際社会の要請を踏まえ、マネー・ローンダリングやテロ資金供与に利用されないよう、関係法令の趣旨に従う必要があります。その対応として、預貯金口座の開設時および口座開設後、必要に応じて、顧客情報（氏名や住所、在留資格・在留期間、勤務実態等）を確認しています。

第II部では、外国人のお客さまとの取引にあたって必要となる、以下の知識について学習します。

- 新規口座開設時に必要な取引時確認等
- 外国人の本人確認書類
- 本人確認書類のチェックポイント
- 在留期間等の管理
- 外国為替取引の留意点

1　新規口座開設時に必要な取引時確認等

(1)　犯罪収益移転防止法と取引時確認

　預貯金口座の新規開設等にあたっては、犯罪収益移転防止法（正式名称は「犯罪による収益の移転防止に関する法律」）による取引時確認が必要とされています。犯罪収益移転防止法は、マネー・ローンダリングや、爆弾テロ、ハイジャックなどのテロ資金供与を防止するために制定された法律です。

　お客さまと取引を行うに際して、仮名取引やなりすましによる取引を防止するため、運転免許証やマイナンバーカードなどの公的証明書により、お客さまの本人特定事項（個人の場合は氏名・住居・生年月日、法人の場合は名称・本店または主たる事務所の所在地）のほか、取引の目的、職業（個人）、事業内容と取引担当者・実質的支配者の本人特定事項（法人）を確認すること（取引時確認）が求められています。

図表Ⅱ-1　取引時確認事項

個　　人	法　　人
・氏名・住居・生年月日	・名称・本店または主たる事務所の所在地
・取引を行う目的	
・職業	・事業内容
	・実質的支配者の本人特定事項

(2)　取引時確認が必要な取引

　取引時確認の対象取引は、リスクの程度により「特定取引」と「ハイリスク取引（高リスク取引）」に分けられ、特定取引は「対象取引」と

「特別の注意を要する取引」の２つに細分化されます。ハイリスク取引に該当すると、より厳格な取引時確認が求められます。

1 特定取引

1）対象取引

対象取引とは、犯罪収益移転防止法施行令７条に列挙されている取引をいいます。金融機関については、大きく以下の４つが対象です。

①　口座開設、貸金庫、保護預りなどの取引の開始

②　200万円を超える現金・持参人払式小切手などの受払いを伴う取引

③　10万円を超える現金による振込（国や地方公共団体への各種税金・料金の納付、電気・ガス・水道料金の支払いや学校の入学金・授業料の支払いは除く）をするとき、10万円を超える現金を持参人払式小切手により受け取るとき

④　融資取引をするとき

（注）　200万円以下や10万円以下の取引で、犯罪による収益の移転に利用されるおそれが少ない取引であるために取引時確認を行わなくてもよいとされる取引であっても、マネー・ローンダリングまたはテロ資金供与その他犯罪に関与している疑いのある取引については、「特定取引」として、取引時確認の対象とされます。

　　200万円以下の現金取引や10万円以下の現金振込であっても、1回当たりの取引の金額を減少させるために取引を分割したものであることが一見して明らかであるもの（たとえば、その場で15万円の現金振込を8万円と7万円の振込に分けるなど）は、1つの取引とみなし、取引時確認を行わなければなりません（同法施行令7条3項）。

　　電話料金やNHKの受信料の支払いについては、居住実態や事業実態に即してサービスが供給されているわけではないため、取引時確認が必要とされています。

2）特別の注意を要する取引

「特別の注意を要する取引」とは、対象取引以外の取引で、

① マネー・ローンダリングの疑いがあると認められる取引

② 同種の取引と著しく異なる態様で行われる取引

のことです（同法施行規則5条）。

2 ハイリスク取引

ハイリスク取引とは、マネー・ローンダリングまたはテロ資金供与のリスクが高いと認められる、次のような取引をいいます（同法4条1号・2号、同法施行令12条）。

① なりすましの疑いがある取引または本人特定事項を偽っていた疑いがある顧客等の取引

② 特定国等（イランおよび北朝鮮）に居住・所在している顧客等との取引

③ 外国PEPsとの取引

③の外国PEPsとは、外国政府等の要人、過去に外国政府等の要人であった者およびその家族を意味しています。PEPsと呼ばれる公的に高位の職位にある人は、その社会的地位から、マネー・ローンダリングを

図表Ⅱ-2 ハイリスク取引の4類型

なりすまし	取引相手が、取引のもととなる継続的な契約の締結（たとえば預貯金契約の締結）に際して行われた取引時確認にかかる顧客またはその代表者等になりすましている疑いがある場合の当該取引（犯罪収益移転防止法4条2項1号イ）
偽り	取引相手が、取引のもととなる継続的な契約の締結に際して取引時確認が行われた際に、その確認事項を偽っていた疑いがある顧客またはその代表者等との取引（同条2項1号ロ）
特定国等	特定国等（イランおよび北朝鮮）に居住し、または所在する顧客との取引（同条2項2号）
外国PEPs	外国の重要な公的地位にある者等との取引（同条2項3号）

行っても判明しづらく、また名義が悪用されるおそれがあることから、外国PEPsとの特定取引が、厳格な顧客管理を行う必要性が特に高いと認められる取引として追加されました。

具体的には、下記①〜⑧の「外国の政府等において重要な地位に占める人」「過去にその地位にあった人」または「その親族」に該当する人です。

- 国家元首
- 日本の内閣総理大臣その他の国務大臣および副大臣に相当する職
- 日本の衆議院議長、衆議院副議長、参議院議長または参議院副議長に相当する職
- 日本の最高裁判所の裁判官に相当する職
- 日本の特命全権大使・特命全権公使、特派大使、政府代表または全権委員に相当する職
- 日本の統合幕僚長、統合幕僚副長、陸上幕僚長、陸上幕僚副長、海上幕僚長、海上幕僚副長、航空幕僚長、または航空幕僚副長に相当する職
- 中央銀行の役員

図表Ⅱ-3　外国PEPsに該当する親族

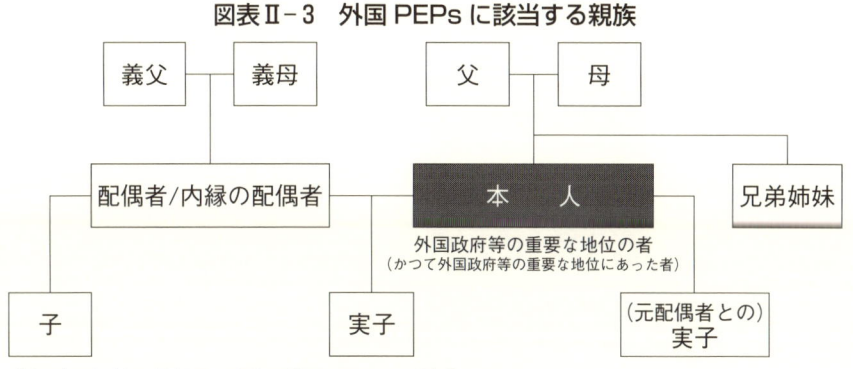

（注1）本人の祖父母や孫は外国PEPsに該当しません。
（注2）本人の元配偶者および配偶者の元配偶者は外国PEPsに該当しません。

- 予算について国会の議決を経る、または承認を受けなければならない法人の役員

また、外国 PEPs に該当する親族とは、図表Ⅱ-3の図の範囲を指します。

(3) 取引時確認で行うこと

取引時確認の対象取引で行うべき確認を見てみましょう。基本的には、お客さまが日本人であっても外国人であっても確認すべきことは一緒です。ただし、何度も述べているように、外国人が関係した犯罪が少なくないのが事実ですので、より確実な確認が求められます。

■ 特定取引で求められること

1）本人特定事項の確認

個人のお客さまとの対面取引の場合、図表Ⅱ-4に掲げる書類で確認します。有効期限のある公的証明書については、提示または送付を受ける日に有効なものである必要があります。また、有効期限のない公的証明書については、提示または送付を受ける日の前6か月以内に作成されたものに限られます。

本人特定事項の確認を行う場合に、顧客または代表者等の現在の住居等が本人確認書類と異なる場合または住居等の記載がないときは、他の本人確認書類や補完書類（顧客等の現在の住居の記載のある納税証明書、社会保険料領収書、公共料金領収書等。領収日付の押印または発行年月日の記載のあるもので、その日付が提示または送付を受ける日の前6か月以内のものに限る）の提示を受け、またはこれらの書類もしくはその写しの送付を受け、現在の住居等を確認する必要があります。

2）取引を行う目的、職業の確認

個人のお客さまの場合、「取引を行う目的」と「職業」を申告していただきます（書類等で確認する必要はなく、申告でよい）。

図表Ⅱ-4　本人確認書類と本人特定事項の確認方法

【個　人】

	本人確認書類	本人特定事項の確認方法
①顔写真あり	• 運転免許証（2012年4月1日以降に交付された運転経歴証明書）、在留カード、特別永住者証明書、マイナンバーカード（注1）（住民基本台帳カード（注2））、旅券（パスポート）（注3）等 • 上記のほか、官公庁発行書類等で本人特定事項（氏名・住居・生年月日）の記載があり、顔写真が貼付されているもの	原本（コピーの提示は不可）の提示を受ける。
②顔写真なし	• 各種健康保険証（注4）、国民年金手帳（注4）、母子健康手帳、取引を行う事業者との取引に使用している印鑑にかかる印鑑登録証明書 等	原本の提示を受けるとともに、 ⅰ）書類に記載されている顧客の住居宛に通帳やキャッシュカードなど取引にかかる文書を書留郵便等により、転送不要郵便物等として送付する。 または ⅱ）提示を受けた書類以外の本人確認書類（②または③の本人確認書類に限る）または補完書類（納税証明書、社会保険料領収書、公共料金領収書等。領収日付の押印または発行年月日の記載のあるもので、その日付が提示または送付を受ける日の前6カ月以内のものに限る）の提示を受ける。 または ⅲ）提示を受けた書類以外の本人確認書類または補完書類の送付を受ける。
③顔写真なし	• ②以外の印鑑登録証明書、戸籍の附票の写し、住民票の写し・住民票記載事項証明書 • 上記のほか、官公庁発行書類等で本人特定事項の記載があり、顔写真のないもの（マイナンバーの通知カードを除く）	原本の提示を受けるとともに、書類に記載されている顧客の住居宛に取引にかかる文書を書留郵便等により、転送不要郵便物等として送付する。

（注1）マイナンバー（個人番号）の利用範囲は税・社会保障関係などに限定されているため、マイナンバーカードの提示を受けた場合、カードの裏面をコピーしたり、個人番号を記録しません。

（注2）住民基本台帳カードは、その効力を失うとき、または、マイナンバーカードの交付を受けるときのいずれか早いときまでは、本人確認書類となります。

（注3）2020年2月4日以降に発給申請されたパスポートについては、現住所等を記載する所持人記入欄が削除されたことから、住居の記載のある他の本人確認書類等を提示してもらう必要があります。

（注4）年金手帳の基礎年金番号や健康保険証の保険者番号、記号・番号は告知を求めることが禁止されているので、記録しません。写しをとる場合はマスキングをします。

【法　人】

本人確認書類	本人特定事項の確認方法
・登記事項証明書、印鑑登録証明書 ・上記のほか、官公庁発行書類で本人特定事項（名称、本店または主たる事務所の所在地）の記載があるもの	法人の代表者等から原本の提示を受ける方法（代表者等の本人特定事項の確認も必要）

　このとき、外国人のお客さまの場合には、

- 取引の目的と在留資格

- 職業と在留資格

との合理性（たとえば、在留資格が「留学」「就労不可」となっているのに口座開設の目的が給与受取と申告していないか、在留資格が「留学」「就労不可」となっているのに職業を会社員と申告していないかなど）を確認します。

2 ハイリスク取引で求められること

　ハイリスク取引の場合には、1の通常の特定取引における確認事項に加えて、その取引が200万円を超える財産の移転を伴うものである場合には、「資産及び収入の状況」の確認をすることが求められます。

　さらに、「本人特定事項」と「実質的支配者」については通常の特定取引よりも厳格な方法による確認が必要となります。「本人特定事項」の確認の場合には、通常の特定取引で用いる本人確認書類だけでなく補完書類の提示が必要となります。

(4)　FATCA による米国の納税義務者等の確認

1 FATCA とは

　FATCA（ファトカ）とは、米国の税法である外国口座税務コンプライアンス法（Foreign Account Tax Compliance Act）の略称です。FATCA は、米国の納税義務者が、海外（米国外）の金融機関（FFI：Foreign Financial Institution）の口座を利用して米国の税金を逃れるこ

とを防止するために制定されました。

日本の国税庁は、2013年6月11日、「国際的な税務コンプライアンスの向上及びFATCA実施の円滑化のための米国財務省と日本当局の間の相互協力及び理解に関する声明」を発表し、日本の金融機関が実施すべき手続きを示しました。

その中で、日本国内の金融機関は、

- 預貯金口座を初めて開設する際
- 米国への転居する際
- お届けいただいている現住所が米国国内である場合

等に、米国の納税義務者等（米国人等）であるかを確認することになりました。

確認後は、日本の金融機関が直接、米国人等の口座情報を米国の税務当局であるIRS（内国歳入庁）へ情報を提供します。

2 米国の税法上の米国人とは

「米国人等」に該当し、米国税務当局への報告対象となるお客さまは、次のとおりです。

【個人の場合】

- 米国市民（米国籍をお持ちのお客さま）
- 米国で出生したお客さま（現在の居住地にかかわらず米国納税義務が生じる可能性がある）
- グリーンカード保有者（米国の永住権をお持ちのお客さま）
- 米国に居住しているお客さま

〈米国居住の要件〉

一般的に、米国での滞在日数に関して、下記の条件を満たす場合、米国税務上、米国に居住しているとみなされます。

当年の滞在日数が31日以上かつ<u>（当年の滞在日数＋前年の滞在日数の3分の1＋前々年の滞在日数の6分の1）の合計が183日以上</u>

【法人の場合】

- 米国で設立された法人など
- FATCA の枠組みに参加しない金融機関など
- <u>主として投資事業を行う法人等</u> (注) のうち、米国人等の実質的支配者を有する法人など

　　↓

（注）投資事業を営む法人で、利息、配当金、一定の賃料収入が総収入の過半を占める場合、またはこれらを生み出す資産が総資産の過半を占める場合に、「主として投資事業を行う法人等」として取り扱われます。「主として投資事業を行う法人等」に該当する場合、米国人等の実質的支配者が存在するか確認する必要があります。その結果、米国人等の実質的支配者が存在する場合、お客さまに加えて米国人等の実質的支配者からも所定の書類の提出を依頼します。

③ FATCA 確認への協力

　FATCA の確認にご協力いただけないお客さまは、口座を開設することができません。また、すでに口座をお持ちのお客さまの場合は、口座をそのままお持ちいただけますが、米国税務当局および国税庁からの租税条約に基づく指示により、お客さまの口座情報等を国税庁経由で米国税務当局に提供しなければならないことがあります。

④ IRS への報告手順

① お客さまが「米国人等」であるかの確認をします。

　　既存の口座については、日本の金融機関が「米国人等」のものと思われる口座を特定します。特定するために、金融機関が口座保有者へ確認書を通知する場合があります。

② 口座を居住地国ごとに選別します。

　1) 米国人等に該当するとの申告→③の IRS への情報提供に同意へ

　2) 米国人等に該当しないとの申告→本人確認書類等との整合性

チェック

- 「米国示唆情報あり」の場合→お客さまに「米国人等」にあたらないか改めて確認をする
- 「米国示唆情報なし」→FATCA 確認終了

③「米国人等」に該当する場合には、IRSへ情報を提供することについて、お客さまの同意を得ます（IRS にお客さまの個人情報を提供

図表Ⅱ-5　FACTA の概要

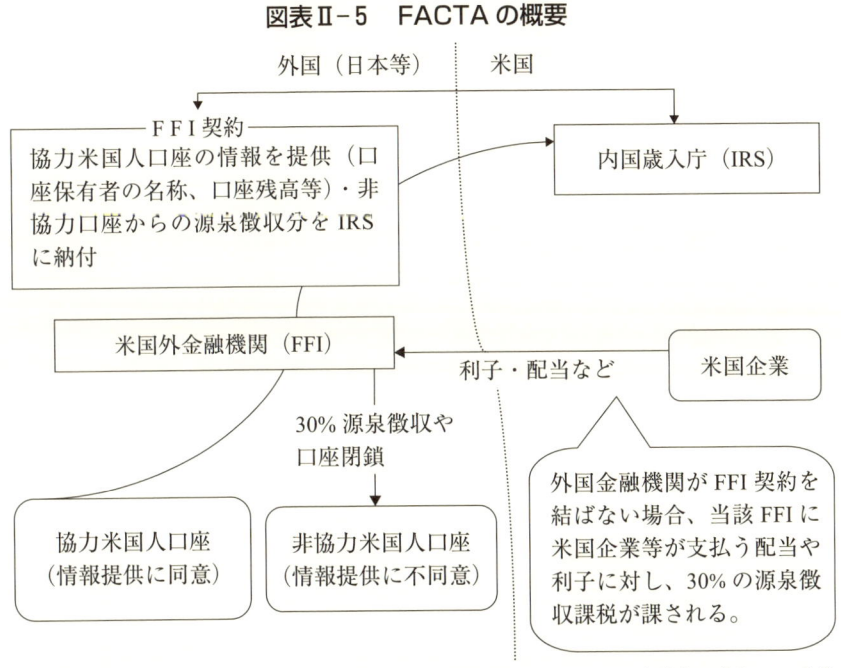

（注）　外国金融機関（FFI）が IRS との間で FFI 契約を締結すると、口座残高に応じて、当該 FFI が保有する口座の名義人が米国人であるかどうかを確認し、米国人であるとの情報が得られた場合は IRS に対して報告する必要が生じる（この場合、協力米国人口座に対する IRS からの要請に基づく源泉徴収は免除される）。米国人かどうかを確認する情報の提供を拒否した口座は非協力口座として扱われ、当該 FFI が 30% の源泉徴収を行うことや当該口座を閉鎖することが求められる。源泉徴収された税額は IRS に納付される。
（出典）　財務省「税制調査会（国際課税 DG ③）［自動的情報交換について］」（税制調査会第3 回国際課税ディスカッショングループ資料）2014.4.4. 内閣府 HP <http://www.cao.go.jp/zei-cho/gijiroku/discussion1/2014/__icsFiles/afieldfile/2014/04/03/26dis13kai8.pdf> を基に筆者作成。

（出所）　重田正美「米国の外国口座税務コンプライアンス法と我が国の対応」（レファレンス 2015 年 6 月号 p.56）

する場合には、「第三者への情報提供の同意」を得ることが必要です。同意を得られないまま IRS に報告を行うと、金融機関が個人情報保護法違反を問われる可能性があります）。

1) IRS への情報提供に同意→「協力口座」として④へ

2) IRS への情報提供に不同意→「非協力口座」として⑤へ

④ 協力口座については、お客さまから追加で報告情報を徴求し、報告対象口座については、毎年3月に前年度分の「米国人等」の個別情報（口座残高等）を IRS へ提出します。

⑤ 非協力口座については、口座開設をお断りする金融機関が多いと思います。既存口座については、日本の金融機関が毎年3月に、前年度分の非協力口座総件数・総額を IRS へ提出します。

非協力口座については、IRS が「租税条約実施特例法の調査権限」を用いて、日本の国税庁へ直接的に情報提供を要請する方法をとります。国税庁から要請を受けた金融機関は、6か月以内に国税庁経由で IRS へ情報を提供します。

5 IRS への報告内容

報告内容は、口座保有者の以下の情報です。

- 氏　名
- 住　所
- 米国納税者番号
- 口座番号
- 口座取引内容（口座残高、利息等の年間受取総額等）

(5) 実特法（CRS）による居住地国等の確認

1 CRS とは

2012年、各国が FATCA への対応について米国と合意したことを契機に、OECD（経済協力開発機構）においては、多国間および二国間の

自動的情報交換に関する国際基準の策定に着手しました。そして、2014年1月、外国の金融機関等を利用した国際的な脱税や租税回避に対処するため、OECDにおいて、非居住者にかかる金融口座情報を税務当局間で自動的に交換するための国際基準である「共通報告基準（CRS：Common Reporting Standard）」が公表され、日本を含む各国がその実施を約束しました。この基準に基づき、各国の税務当局は、自国に所在する金融機関等から非居住者が保有する金融口座情報の報告を受け、租税条約等の情報交換規定によって、その非居住者の居住地国の税務当局に対しその情報を提供することになりました。

これを受け、日本では2015年に実特法（正式名称は「租税条約等の実施に伴う所得税法、法人税法及び地方税法の特例等に関する法律」）が一部改正され、2017年1月1日に施行されました。以後、新たに金融機関等に口座開設等を行う者等は、金融機関等へ「居住地国名」等を記載した届出書の提出が必要となったのです。

日本国内に所在する金融機関等は、2018年以後、毎年4月30日までに特定の非居住者の金融口座情報を所轄税務署長に報告し、報告された金融口座情報は、租税条約等の情報交換規定に基づき、各国税務当局と自動的に交換されることとなりました。

２ CRSの報告対象国

実特法による届出書には、居住地国が日本であるお客さまにも、居住地国名として「日本」と記載していただくことが必要です。ただし、その場合、マイナンバー（個人番号）の記載は必要ありません。

また、米国はCRS策定前となる2010年3月に「FATCA」がすでに成立していたため、CRSには参加していませんが、実特法では居住地国が米国だからといって届出を除外していませんので、居住地国が米国の場合も届出書を提出していただきます（ただし、米国はCRSの報告対象国ではありませんので、国税庁への報告は不要です）。

図表Ⅱ-6 「報告対象国」一覧表（2024年報告分）

- 「租税条約等の実施に伴う所得税法、法人税法及び地方税法の特例等に関する法律」第10条の6第2項第1号及び「外国居住者等の所得に対する相互主義による所得税等の非課税等に関する法律」第41条の2第2項第1号に規定する「報告対象国」は以下のとおりです。
- 報告金融機関等は、これらを「報告対象国」として、令和6年4月30日（火）までに所轄税務署長に報告を行うことになります。

報告対象国（計106か国・地域）					
アイスランド	オーストラリア	コロンビア	タイ	ハンガリー	メキシコ
アイルランド	オーストリア	サウジアラビア	大韓民国	フィンランド	モーリシャス
アゼルバイジャン	オマーン	サモア	台湾	フェロー諸島	モナコ
アルゼンチン	オランダ	サンマリノ	チェコ	ブラジル	モルディブ
アルバ	ガーナ	ジブラルタル	中華人民共和国	フランス	モルドバ
アルバニア	ガーンジー	ジャージー	チリ	ブルガリア	モロッコ
アンティグア・バーブーダ	カザフスタン	ジャマイカ	デンマーク	ブルネイ	モンテネグロ
アンドラ	カタール	シンガポール	ドイツ	ベリーズ	モントセラト
イスラエル	カナダ	スイス	ドミニカ国	ペルー	ヨルダン
イタリア	キプロス	スウェーデン	トルコ	ベルギー	ラトビア
インド	キュラソー	スペイン	ナイジェリア	ポーランド	リトアニア
インドネシア	ギリシャ	スロバキア	ニューカレドニア	ポルトガル	リヒテンシュタイン
ウガンダ	クック	スロベニア	ニュージーランド	香港	ルーマニア
ウクライナ	グリーンランド	セーシェル	ノルウェー	マカオ	ルクセンブルク
ウルグアイ	グレナダ	セントクリストファー・ネービス	パキスタン	マルタ	レバノン
英国	クロアチア	セントビンセント	パナマ	マレーシア	ロシア
エクアドル	ケニア	セントマーチン	バヌアツ	マン島	
エストニア	コスタリカ	セントルシア	バルバドス	南アフリカ共和国	
					（以上）

（出所）国税庁ホームページ

3 居住地国とは

さて、ここで改めて「居住地国」とは何かというと、「お客さまが所得税・法人税に相当する税を納めるべき国」を指します。

日本の所得税法の居住者は、日本国内に住所を有し、または現在まで引き続いて1年以上居所を有する個人をいいます（p.65 国税庁リーフレット「居住地国の判定」参照）。

また、国によっては、国籍を保有していることが居住性の特定要件となります。たとえば、米国は、米国籍を持つ人、米国に永住権を持つ外国人のほか、米国に居住している外国人も居住者となる可能性があるので注意が必要です（FATCA の 2 参照）。

以下の例で見てみましょう。

① 日本在住の日本国籍で、日本国のみに納税義務がある

→居住地国は「日本国」のみ

② 日本在住の米国籍で、日本国にも米国にも納税義務がある

→居住地国は「日本国」と「米国」

③ 米国在住の日本国籍で、米国のみに納税義務がある

→居住地国は「米国」

④ 米国在住の日本国籍で、日本国にも米国にも納税義務がある

→居住地国は「日本国」と「米国」

4 届出項目

届け出ていただくのは、口座開設等を行うお客さまにより以下のとおりです。

① 自然人、法人、組合等の場合

氏名・住所（名称・所在地）、居住地国、外国の納税者番号など

② 上場法人、国・地方公共団体その他の一定の法人以外の法人（「特定法人」といいます）の場合

①に加えて、その法人の実質的支配者の居住地国等

5 届出項目の確認

金融機関等は、届出書の記載事項が、犯罪収益移転防止法の規定により口座開設等の際に提示または提出した本人確認書類（運転免許証やマイナンバーカード等）の内容と合致していることを確認します。

6 所轄税務署長への報告

口座開設等を行うお客さまの居住地国が特定の外国である場合（図表Ⅱ-6「『報告対象国』一覧表」参照）には、毎年4月30日までに、その口座開設等を行うお客さまの金融口座情報を所轄税務署長に報告します。

税務署への報告は、IRSへのデータ提供の場合と異なり、本人の同意を得る必要はありません。個人情報保護法では「個人情報取扱事業者は、原則として、あらかじめ本人の同意を得ないで、個人データを第三

図表Ⅱ-7　CRS に関する国税庁のリーフレット

～ 口座開設等を行う方へ ～
金融機関等で口座開設等をする際は、
居住地国等を記載した届出書の提出が必要です！

　平成27年度税制改正（平成29年1月1日施行）により、平成29年1月1日以後、新たに国内に所在する金融機関等（銀行、証券会社、保険会社、組合、信託等）で口座開設等を行う方（自然人、法人、組合等）は、金融機関等へ居住地国等を記載した届出書の提出が必要となります（※1）。

　また、口座開設等を行う際、金融機関等により、届出書の記載事項が口座開設等を行う際に提出又は提示をした他の書類（※2）の内容と合致していることを確認されます。

　なお、口座開設等を行う方の居住地国が特定の外国である場合、金融機関等により、平成30年以後、毎年4月30日までに、その口座開設等を行う方の金融口座情報が所轄税務署長に報告されます。さらに、その金融口座情報は、租税条約等の情報交換規定に基づき、その外国の税務当局と自動的に交換されることとなります（※3）。

【届出書の提出を要する場合の概要】

平成29年1月1日以後、新たに日本の金融機関等に口座開設等をする場合（注）
新規に口座開設等をする場合、金融機関等へ氏名・住所（名称・所在地）、居住地国、外国の納税者番号など（※4）を記載した届出書（「新規届出書」といいます。）の提出が必要となります。
平成28年12月31日以前に既に日本の金融機関等に口座開設等をしている場合（注）
既に口座開設等をしている場合でも、確認のため、金融機関等から、氏名・住所（名称・所在地）、居住地国、外国の納税者番号など（※4）を記載した届出書（「任意届出書」といいます。）の提出を求められる場合があります。

　（注）これらの届出書の提出後、居住地国等に異動があった場合には、届出書（「異動届出書」といいます。）の提出が必要となります。

【届出書の種類】

届出書名	新規届出書	異動届出書
提出者	平成29年1月1日以後に金融機関等に新規に口座開設等を行う方（※5）	新規届出書、任意届出書、異動届出書（「新規届出書等」といいます。）を提出後に、それらの届出書に記載した居住地国等に異動があった方
提出時期	口座開設等を行う際	居住地国等に異動が生じることとなった日から3月を経過する日まで等
記載事項	・氏名、住所及び生年月日又は名称及び本店若しくは主たる事務所の所在地 ・居住地国名及び居住地国が外国である場合のその居住地国の納税者番号（※4） ・住所と居住地国が異なる場合の事情の詳細等	・異動後の居住地国等 ・以前提出した届出書に記載した居住地国等 ・左記の新規届出書の記載事項

※1　上場法人、国・地方公共団体その他の一定の法人以外の法人（「特定法人」といいます。）については、その法人の実質的支配者の居住地国等も届出書に記載する必要があります。詳しくは、リーフレット「〜口座開設等を行う法人の方へ〜　金融機関等で法人の方が口座開設等をする際は、「特定法人」に該当するかどうかの確認が必要です！」をご覧ください。
※2　例えば、犯罪による収益の移転防止に関する法令の規定により口座開設等の際に提示又は提出する本人確認書類（運転免許証や個人番号カード等）があります。
※3　日本から特定の外国に対して情報提供を行うとともに、その外国からも日本に対し、その外国の金融機関等が保有する日本居住者の金融口座情報が提供されることとなります。そのため、日本の居住者が特定の外国に所在する金融機関等で口座開設等を行う場合には、その外国の法令に従って、居住地国等を記載した届出書が求められることがあります。
※4　日本が居住地国である方も、居住地国名として「日本」と記載が必要となります。ただし、その場合、マイナンバー（個人番号）の記載は必要ありません。
※5　平成28年12月31日以前に金融機関等と口座開設等の取引を行った方も任意で「任意届出書」を提出することが可能です。

　裏面に、居住地国及び納税者番号に関する解説を記載しています。

国税庁
令和3年12月

【令和4年1月1日以降用】

居住地国の判定

1 居住地国が外国となる場合

(1) 口座開設等を行う方が、外国の法令において、次のいずれかの基準により、日本の所得税法又は法人税法に相当する税を課されるものとされている個人（※6）又は法人等（法人又は組合契約によって成立する組合、組合に準ずる事業体及び信託をいいます。）に該当する場合には、居住地国はその「外国」となります（※7）。

  イ　外国に住所を有すること又は一定の期間を超えて居所を有すること（これらに類する場所を有する場合を含みます。）

  ロ　外国に本店若しくは主たる事務所を有し、又はその事業が管理され、かつ、支配されている場所を有すること（これらに類する場所を有する場合を含みます。）

  ハ　外国の国籍を有することその他これに類する基準

※6　租税条約の規定によりその租税条約の相手国等の居住者でないものとみなされる日本の所得税法上の居住者（国内に住所を有し、又は現在まで引き続いて1年以上居所を有する個人をいいます。2において同じです。）は除かれます。なお、この場合、居住地国は「日本」となります。

※7　外国の法令により、その外国の税制上の居住者に該当するかを問うものであり、日本の所得税法上の非居住者又は外国法人に該当するかを問うものではありません。なお、OECDポータルサイトにおいて、各国の税制上の居住者の制度に関する情報が掲載されています。

(2) 口座開設等を行う方が、外国にその財務及び営業又は事業の方針につき実質的な決定が行われている場所が所在する法人等（(1)の法人等、内国法人及び信託を除きます。）に該当する場合には、居住地国はその「外国」となります。

2 居住地国が日本となる場合

口座開設等を行う方が、日本の所得税法上の居住者（※8）又は法人等（1(1)(2)の法人等及び信託を除きます。）に該当する場合には、居住地国は「日本」となります。

※8　租税条約の規定によりその租税条約の相手国等の居住者とみなされる日本の所得税法上の居住者は除かれます。なお、この場合、居住地国はその「外国」となります。

納税者番号（TIN：Tax Identification Number）

1 納税者番号とは？

税の申告、納付その他の手続を行うために用いる番号、記号その他の符号でその手続をすべき者を特定することができるものをいいます。

2 届出書の記載事項

口座開設等を行う方の居住地国が外国である場合には、届出書にその外国の納税者番号を記載する必要があります。一方、居住地国が「日本」である場合、マイナンバー（個人番号）の記載は必要ありません。

3 外国の納税者番号の確認方法（外国の納税者番号が不明な場合）

OECDポータルサイトの各国・地域の納税者番号制度に関する情報及び国税庁ホームページ「CRSコーナー」の「各国・地域の納税者番号制度に関する情報」により、各国・地域の納税者番号制度を確認することができます。

これらにより納税者番号が判明しない場合は、居住地国の税務当局等へ直接照会していただくことが考えられます。

CRSに関する最新情報

1 国税庁ホームページ「CRSコーナー」

⇒ https://www.nta.go.jp/taxes/shiraberu/kokusai/crs/index.htm

国税庁　CRS　　検索

2 OECDポータルサイト（※　上記「CRSコーナー」にもリンクがあります）

(1) 各国・地域の税制上の居住者の制度に関する情報

⇒ http://www.oecd.org/tax/automatic-exchange/crs-implementation-and-assistance/tax-residency/#d.en.347760

(2) 各国・地域の納税者番号制度に関する情報

⇒ http://www.oecd.org/tax/automatic-exchange/crs-implementation-and-assistance/tax-identification-numbers/#d.en.347759

国税庁
令和3年12月

者に提供してはならない」（同法 27 条 1 項柱書）とうたっていますが、「法令に基づき個人データを提供する場合」は、本人の同意を得る必要はないとされています（同条 1 項 1 号）。たとえば、裁判所の文書提出命令に従って文書を提出する場合（民事訴訟法 220 条）や、税務署長に対して支払調書を提出する場合（所得税法 225 条 1 項）には、本人の同意を得る必要はありません。

７ 各国税務当局との情報交換

報告された金融口座情報は、租税条約等の情報交換規定に基づき、その外国の税務当局と自動的に交換されることとなります。

日本から特定の外国に対して情報提供を行うとともに、その外国からも日本に対し、その外国の金融機関等が保有する日本居住者の金融口座情報が提供されます。そのため、日本の居住者が特定の外国に所在する金融機関等で口座開設等を行う場合には、その外国の法令に従って、居住地国等を記載した届出書の提出を求められることがあります。

図表Ⅱ-8　非居住者にかかる金融口座情報の交換制度の概要

【日本】

(1) 新規特定取引を行う者による氏名・住所（名称・所在地）、居住地国※、外国の納税者番号等の届出
【平成 29 年から金融機関による手続き開始】

(2) 既存特定取引を行った者の住所等所在地国を特定

報告金融機関等

(3) 報告対象となる契約を締結している者の氏名・住所（名称・所在地）、居住地国、外国の納税者番号、口座残高、利子・配当等の年間受取総額等を報告
【平成 30 年に平成 29 年分を報告】

日本居住者口座等
A 国居住者口座
B 国居住者口座

国税庁

A
B

(4) 租税条約等に基づき、外国の税務当局に対して年一回まとめて情報提供

【A 国】
A 国の税務当局
A 国居住者

【B 国】
B 国の税務当局
B 国居住者

※ 日本の居住者である場合、居住地国として「日本」の記載が必要。

（出所）国税庁リーフレット

2　外国人の本人確認書類

　在留外国人のお客さまは、どのような本人確認書類を持参する可能性があるのか、書類の種類と記載項目などを確認しましょう。

(1)　戸籍謄本

　戸籍とは、「人の出生・死亡・婚姻・離婚・縁組などの重要な身分関係を登録・公証する公文書」で、身分事項を証明するものです。戸籍には、「本籍」、「筆頭者氏名」、同じ戸籍に記録されている者の「名」、「生年月日」、「父、母の氏名」、「出生地」、「婚姻日」などが記載されており、日本人についてのみ編製されます。そのため、外国人の出生や外国人同士の結婚が日本国内で行われても、その届出に基づいて外国人の戸籍が作成されることはないので、外国人のお客さまが戸籍謄本を持参することはありません。

　日本人と外国人の結婚など、日本人がかかわる身分関係については、すべて日本人の戸籍に記載されます（日本人の戸籍の身分事項欄に配偶者の国籍、氏名、生年月日、婚姻の日が記載される）。

(2)　住民票

　住民票は、「住民の居住関係を公に証明するもの」で、住民基本台帳法に基づいて作成されています。住民票の写しには、「氏名」、「生年月日」、「性別」、「住所」、「住民となった年月日」「届出日および従前の住所」などが記載されています。「世帯主の氏名・世帯主との続柄」、「本籍地・筆頭者氏名」、「マイナンバー（個人番号）」、「住民票コード」は記載されず、記載を希望する場合は、住民票の交付を申請するときに使用目的を明らかにしたうえで請求します。

① 外国人住民にかかる住民基本台帳制度

　我が国に入国・在留する外国人が年々増加していること等を背景に、市区町村が、日本人と同様に、外国人住民に対し基礎的行政サービスを提供する基盤となる制度の必要性が高まりました。そこで、外国人住民についても日本人と同様に住民基本台帳法の適用対象に加え、外国人住民の利便の増進および市区町村等の行政の合理化を図るため、2012年7月9日に「住民基本台帳法の一部を改正する法律」が施行されました。

　これに伴い、中長期在留者、特別永住者等の外国人住民も住民基本台帳制度の適用対象となりました。これにより、外国人住民もその住所を定めた市区町村において「住民票」が作成されますので、本人確認書類として、日本人のお客さまと同様に、外国人のお客さまも住民票の写しを持参することがあり得ます。

② 転入手続き

　新たに日本に入国し、入管法上の在留資格をもって日本に中長期間在留する「中長期在留者」（在留カード交付対象者。「短期滞在」の在留資格や「3月」以下の在留期間を有する人などは含まれません）は、市区町村に新たに住所を定めた日から14日以内に、在留カード（空港等で在留カードが交付されなかった人については、パスポート）などを持参し、市区町村に転入の届出を行う必要があります。

　市区町村への転入の届出の際、外国人住民である世帯主と同じ世帯の外国人住民については、世帯主と本人との続柄（親族間での関係）を証明できる文書（本国の政府等公的機関が発行したもので、出生証明書、婚姻証明書などの原本）が必要となります。

　なお、世帯主との続柄を証明できる文書については、併せて日本語の翻訳文も必要となります。

③ 転出手続き

　住民基本台帳制度では、外国人住民も、別の市区町村へ引っ越しをす

る際には、転出の届出を旧住所地の市区町村にて行うとともに、新たに住所を定めた市区町村に転入の届出を行う必要があります。

- 転出の届出の際、市区町村から「転出証明書」が交付されることとなります。新しい市区町村へ転入する際、住所を定めてから14日以内にこの「転出証明書」を持参して転入の届出を行うことになります。
- 同一の市区町村内で住所を変更する際には、住所地の市区町村に転居の届出を行う必要があります。
- 日本を出国して海外で暮らす場合は、原則として旧住所地の市区町村にて転出の届出が必要です。
- 転入の届出や転居の届出の際には、在留カード、特別永住者証明書（または外国人登録証明書）のいずれかを持参します。

図表Ⅱ-9　外国人住民の動きと市町村および出入国在留管理庁との情報の流れ

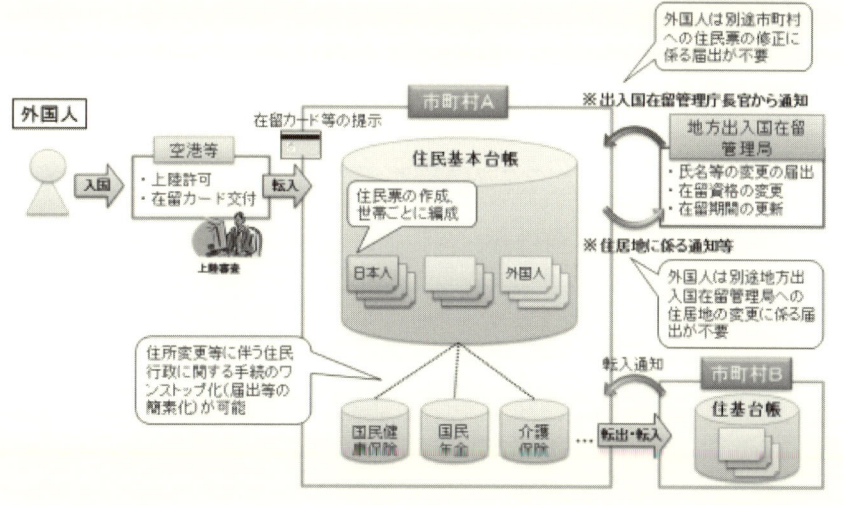

（出所）総務省ホームページ

(3) 在留カード、特別永住者証明書

正規に我が国に中長期間在留する外国人には「在留カード」が、特別永住者には「特別永住者証明書」が交付されます。

■ 在留カード

在留カードは、我が国に中長期間在留する外国人に対し、上陸許可や、在留資格の変更許可、在留期間の更新許可等在留にかかる許可に伴って、東京入国管理局を含む地方入国管理局等で交付されます。具体的には、次の①〜⑥にあてはまらない人です。

① 「3月」以下の在留期間が決定された人
② 「短期滞在」の在留資格が決定された人
③ 「外交」または「公用」の在留資格が決定された人
④ 「特定活動」の在留資格が決定された、台湾日本関係協会の日本国内の事務所（台北駐日経済文化代表処等）もしくは駐日パレスチナ総代表部の職員またはその家族
⑤ 特別永住者
⑥ 在留資格を有しない人

16歳以上の人は、在留カードを携帯することが義務づけられています。在留カードには、顔写真のほか氏名、国籍・地域、生年月日、性別、在留資格、在留期限、就労の可否などの情報が記載されます。

①写真付きの証明書であること、②16歳以上は常に携行していること、③在留資格や在留期限の確認もできることから、在留カードを本人確認書類として提示していただく機会が多いと思われます。

■ 特別永住者証明書

特別永住者には「特別永住者証明書」が居住地の市区町村役場の窓口で交付されます。特別永住者証明書は、特別永住者の法的地位等を証明するものとして交付されるもので、氏名、生年月日、性別、国籍・地

域、住居地、有効期間の満了日などの情報が記載されます。また、16歳以上の人には顔写真が表示されます。

なお、特別永住者が所持する従来の外国人登録証明書は、一定の期間、みなし再入国許可による出国や市区町村で行う住居地届出手続等において、特別永住者証明書とみなされます。

3 本人確認書類のチェックポイント

(1) 在留カード

❶ 在留カードの主な記載内容

記載内容と確認時のポイントは、図表Ⅱ-10のとおりです。

❷ 16歳以下の中長期在留者の在留カード

在留カードの有効期間の満了日が16歳の誕生日の前日までとなっているカードには、写真は表示されません。

また、16歳未満の人については、在留カードの常時携帯義務が免除されていますので、在留カードを常時携帯する必要はありません。

就労資格を持つ外国人の両親の子どもで「家族滞在」の人については、在留カードの有効期間に注意しましょう。前述のとおり、その子どもが16歳未満の場合は、「在留期間の満了日か16歳の誕生日の前日のどちらか早い日まで」が在留カードの有効期間となっているため、在留期間の満了日より前に16歳の誕生日がくる場合は、在留カードの有効期間の更新申請が必要になりますが、忘れている場合もありますので、在留期限は到来していなくても、在留カードの有効期限が過ぎてしまっていないかもチェックしましょう（在留カードの有効期間が経過した場合には、在留カードの有効期間更新申請をする必要があります）。

図表II-10 在留カードの主な記載内容と確認時のポイント

在留カード番号	在留カード番号が失効していないかを調べることができます（p.75 参照）。
氏　名	在留カードの氏名表記については、ローマ字表記を原則としつつ、氏名に漢字を使用することを証する資料に基づき、当該漢字または当該漢字および仮名を使用した氏名を表記（原則としてローマ字氏名との併記）できることとしています。 　ただし、ローマ字により氏名を表記することにより中長期在留者が著しい不利益を被るおそれがあることその他の特別の事情があると出入国在留管理庁長官が認めるときは、ローマ字に代えて、当該漢字または当該漢字および仮名を使用した氏名を表記することができます。 　なお、氏名表記に用いる漢字の範囲、用法その他の漢字を使用した氏名の表記に関し必要な事項は出入国在留管理庁長官が告示（入管法施行規則 19 条の 7）で定めることとされており、外国人の氏名漢字が正字と認められるものについては当該正字等を表記し、それ以外の簡体字等については、正字に置き換えて表記することとしています。
生年月日	
性　別	
国籍・地域	
住居地	変更があった場合には裏面に記載されます。
在留資格	在留資格のない外国人には在留カードは交付されません。
就労制限の有無	在留カードに「留学」「就労不可」と記載がある場合、原則、就労はできませんが、在留カード裏面の「資格外活動許可欄」に次のいずれかの記載がある方は、就労することができます。 ①「許可（原則週 28 時間以内・風俗営業等の従事を除く）」 ②「許可（資格外活動許可書に記載された範囲内の活動）」
顔写真	在留カードの有効期間の満了日が 16 歳の誕生日の前日までとなっているカードには、写真は表示されません。
在留期間 （満了日）	在留期間中は（満了日まで）国内に在留することができます。
在留カード有効期間の満了の年月日	在留カードの有効期間は、次のとおりです。 ○「永住者」または「高度専門職 2 号」の在留資格で在留する人 　（16 歳以上の人）交付日から 7 年間 　（16 歳未満の人）16 歳の誕生日の前日まで

	○「永住者」または「高度専門職2号」の在留資格で在留する人以外の人 （16歳以上の人）在留期間の満了の日まで （16歳未満の人）在留期間の満了日か16歳の誕生日の前日のどちらか早い日まで 「永住者」の有効期限については勘違いしやすいので注意しましょう。「永住者」は、在留期限は無期限ですが有効期間はあるため、在留期間更新は不要ですが、在留カードの有効期間の更新申請は必要です。 　また、在留カードの有効期間が券面表示と異なる場合がありますので注意しましょう。一般的には券面に表示された有効期間が在留カードの有効期間となりますが、表面の在留期間の満了日までに、在留資格変更許可申請または在留期間更新許可申請をした場合には、その旨が在留カードの裏面に記載され、当該申請に対する処分がなされない限り、表面の在留期間の満了日から2か月を経過する日まで有効となります。
交付者	出入国在留管理庁長官（2019年3月31日までに交付された在留カードでは、「法務大臣」と記載されています）

（表面）

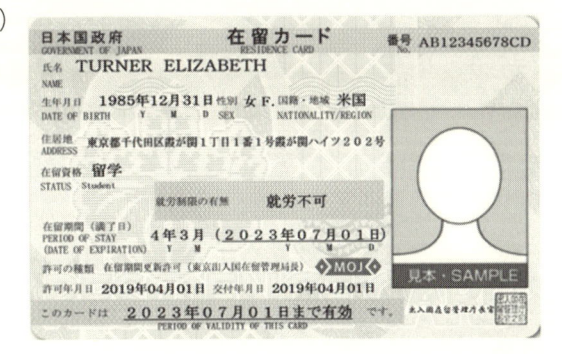

（裏面）

（出所）出入国在留管理庁
　　　　ホームページ

(2) 特別永住者証明書

図表Ⅱ-11　特別永住者証明書の主な記載内容と確認時のポイント

特別永住者証明書番号	特別永住者証明書番号が失効していないかを調べることができます（p.75参照）。
氏　名	氏名はローマ字で表記されます。漢字併記が可能です。通称名は記載されません。
生年月日	
性　別	
国籍・地域	
住居地	変更があった場合には裏面に記載されます。
顔写真	特別永住者証明書の有効期間の満了日が16歳の誕生日の前日までとなっている証明書には、写真は表示されません。
特別永住者証明書有効期間の満了の年月日	特別永住者証明書にも有効期間があります。永住権はありますが、証明書自体には期限がありますので注意しましょう。 　期限は、各種申請・届出後7回目の誕生日、16歳未満の方は16歳の誕生日の前日です。
交付者	出入国在留管理庁長官（2019年3月31日までに交付された特別永住者証明書では、「法務大臣」と記載されています）

（注）外国人登録証明書に記載されていた通称名は、特別永住者証明書には記載されません。

（表面）

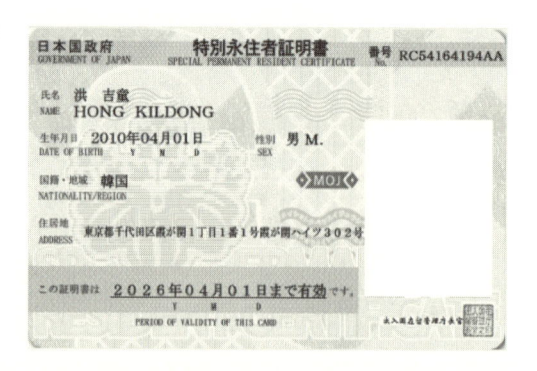

（裏面）

（出所）出入国在留管理庁
　　　　ホームページ

（3）　在留カード・特別永住者証明書の偽変造防止対策

　出入国在留管理庁では、在留カード等の社会的信用性を保護するためにさまざまな偽変造在留カード対策を講じています。

　しかし、近年、券面の偽造技術の精巧化、有効な在留カード番号を使用した偽変造在留カード作成事案が発生するなど、これまで以上に偽変造在留カード対策が必要となっています。そこで、出入国在留管理庁は、「在留カード等読取アプリケーション」を新たに導入しました。アプリを利用すれば、在留カード等のICチップ内に保存されている身分事項や顔写真等の情報を読み取り、読み取った情報と、券面に記載された情報を見比べることにより、容易に偽変造の有無を確認することができるようになっています（アプリは、出入国在留管理庁ホームページ等で無料配布し、出入国在留管理庁のWEBサイト「動画ライブラリー」では、「在留カード等読取アプリケーション」の操作方法や在留カード等の目視による真偽の判断方法を紹介する映像を公開しています）。

　また、「在留カード等番号失効情報照会」では、在留カード等の番号などの必要事項を入力すると、WEBサイトを通じて入力されたカード番号が失効していないかを確認することができます。

図表Ⅱ-12　在留カード・特別永住者証明書の偽変造防止対策

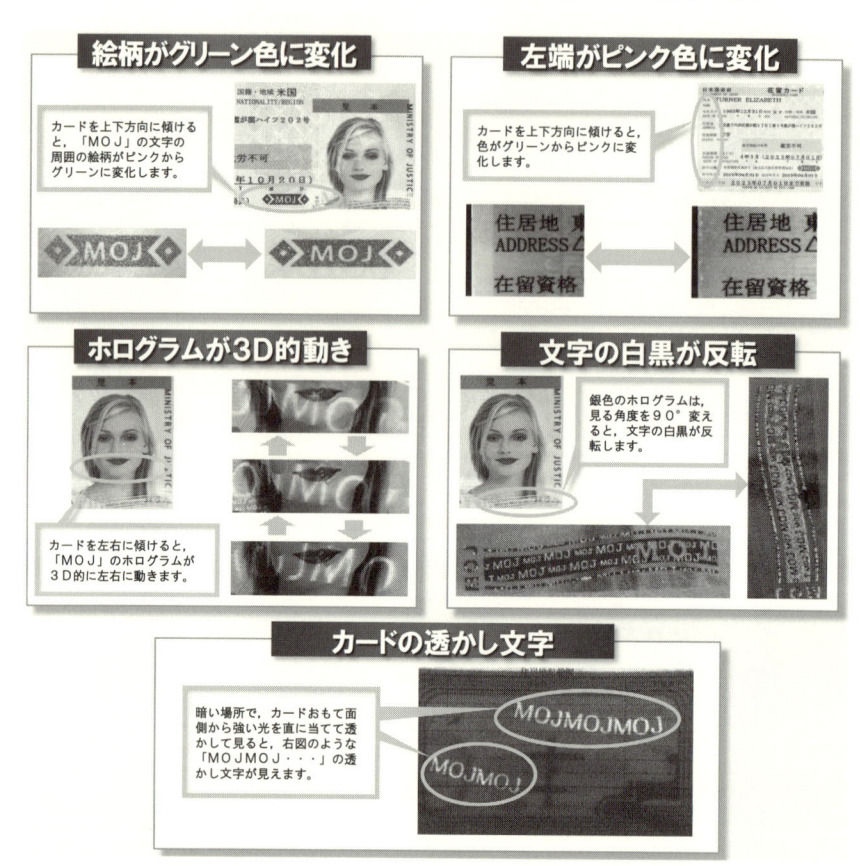

（出所）出入国在留管理庁ホームページ

(4) 住民票

在留カードまたは特別永住者証明書の交付対象となる外国人は、改正された住民基本台帳法に基づき、居住する市区町村で住民票が作成されますので、日本国民と同様、市区町村の事務所で住民票の写し（または住民票記載事項証明書）の交付を受けることができます（2012年7月に廃止された外国人登録原票記載事項証明書に代わる証明書として、市区町村の窓口で住民票の写しを受けることができます）。

■ 住民票の作成対象者

住民基本台帳制度の対象となる外国人住民は、日本の国籍を有しない者のうち、次の4つの区分のいずれかに該当する者で、市町村の区域内に住所を有する者です。住民登録されると、外国人と日本人の混合世帯でも、世帯全員が記載されている住民票の写しを受けることができます。

- 中長期在留者（在留カード交付対象者）
- 特別永住者（特別永住者証明書交付対象者）
- 一時庇護許可者または仮滞在許可者…「一時庇護許可者」は、入管法の規定により、船舶等に乗っている外国人が難民に該当する可能性がある場合等に一時庇護のための許可を受けた者、「仮滞在許可者」は、在留資格を取得していない外国人から難民認定申請があり、一定の要件を満たした場合に、仮に日本国内に滞在することとなった外国人。
- 出生による経過滞在者または国籍喪失による経過滞在者（当該事由が生じた日から60日以内に地方入国管理局に在留資格取得届出等を行う必要があります）…出生または日本国籍の喪失により上陸の手続を経ることなく日本国内に在留することとなった外国人。入管法の規定により当該生じた日から60日に限り、在留資格を有する

ことなく在留することができます。

※　出生から 60 日経過した場合や国外で出生した者は「出生による経過滞在者」に該当しないので、住民票を作成することはできません。

※　外国人には戸籍はありませんが、日本国内で出産した場合は、戸籍法の適用を受けますので、所在地の市町村の戸籍窓口に、出生の届出を行う必要があります。

住民票は、外国人登録原票をもとに、短期滞在者等を除いた、適法に3か月を超えて在留する外国人で住所を有する人について作成されます。上記以外の人や、改正法施行日に在留資格がない人（外国人登録法における在留期間の記載事項の変更を市町村に届けていない人を含む）については、住民票を作成する対象者とならないため、住民登録ができません。

2 外国人の住民票記載内容

図表II-13　外国人の住民票記載内容

中長期在留者 （在留カード交付対象者）	・中長期在留者である旨 ・在留カードに記載されている在留資格、在留期間および在留期間の満了の日ならびに在留カードの番号
特別永住者	・特別永住者である旨 ・特別永住者証明書に記載されている特別永住者証明書の番号
一時庇護許可者または仮滞在許可者	・一時庇護許可者または仮滞在許可者である旨 ・（一時庇護許可書に記載されている）上陸期間または仮滞在許可書に記載されている仮滞在期間
出生による経過滞在者または国籍喪失による経過滞在者	・出生による経過滞在者または国籍喪失による経過滞在者である旨

　外国人住民にかかる住民票には、日本人と同様に、氏名、出生の年月日、男女の別、住所等の基本事項に加え、国民健康保険や国民年金等の被保険者に関する事項が記載されます。

　さらに、外国人住民特有の事項として、国籍等に加え、住民票作成対象者の区分に応じそれぞれ次の事項が記載されます。

〈外国人住民にかかる住民票の記載事項〉

- 氏名（住民票に通称が記載されている場合は、氏名および通称）
  - ※　居住関係の公証のために住民票に記載することが必要であると認められる場合には通称名をつけることができます。通称名は住民票には記載することができますが、在留カードおよび特別永住者証明書には記載されません。
- 出生の年月日
- 男女の別
- （世帯主である場合）世帯主である旨
  （世帯主でない場合）世帯主の氏名および世帯主との続柄
- 住所（および転居した場合はその住所を定めた年月日）
- 転入届出の年月日及び従前の住所
- 国民健康保険の資格に関する事項
- 後期高齢者医療の資格に関する事項
- 介護保険の資格に関する事項
- 国民年金の資格に関する事項
- 児童手当の受給資格に関する事項
- 米穀の配給に関する事項
- 住民票コード
- その他政令で定める事項
- 国籍・地域
- 外国人住民となった年月日

- 中長期在留者等である旨
- 在留カードに記載されている在留資格、在留期間、在留期間の満了の日、在留カードの番号等
- 通称の記載および削除に関する事項

(5) 個人番号（マイナンバー）カード

① マイナンバーカードの作成対象者

　個人番号（マイナンバー）は、住民票のある人全員に付与されますので、日本在住の日本国民と同様に、中長期滞在者、特別永住者にも付与されます。付与された個人番号は原則変更されません。いったん日本を離れ、再来日して住民票を作成する場合にも同じ番号となります。

図表Ⅱ-14　通知カード（個人番号交付申請書）と個人番号通知書

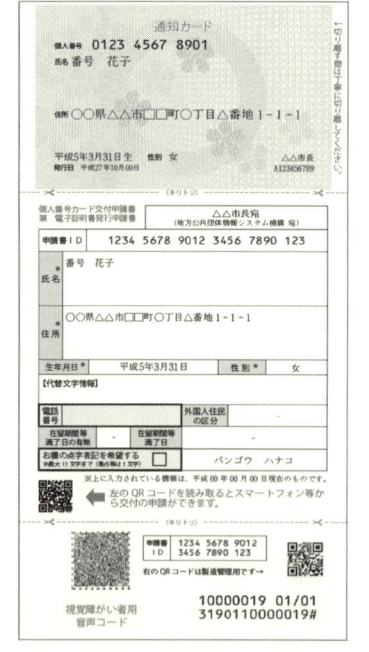
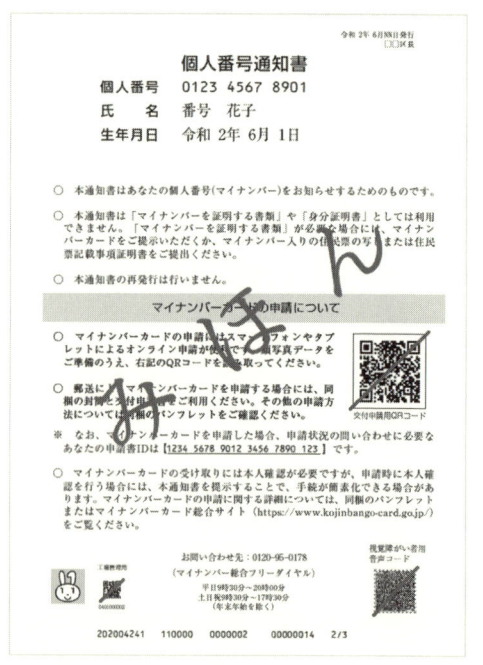

（出所）左：香芝市ホームページ、右：日野市ホームページ

　なお、マイナンバーを通知する「通知カード」は 2022 年 5 月 25 日に廃止され、「個人番号通知書」を送付する方法に変更されました。出生や国外からの転入等により新たにマイナンバーが付番された場合は、住民票が作成されて 2 ～ 3 週間ほどすると、住民票の住所あてに個人番号通知書が郵送（簡易書留・転送不要郵便）で届きます。

　個人番号は、原則として、法律で定められた事務の範囲内から、具体的な利用目的を特定したうえで利用することになっていますので、日本人のお客さま対応と同様、取扱いには注意しましょう。

2 マイナンバーカードの有効期限

　マイナンバーカードの有効期限は在留期間満了日とされています。在留期間の更新許可等により在留できる満了日が変更された場合、その情報はマイナンバーカードには自動的に反映されません。

　在留期間を延長した場合は、マイナンバーカードの有効期限までに、市区町村の窓口で有効期限の延長手続きをする必要があります。手続きをしないと、マイナンバーカードは使えなくなってしまいます。新しいマイナンバーカードを再発行する場合は手数料（2024 年現在 1,000 円）がかかります。

図表Ⅱ-15　マイナンバーカード

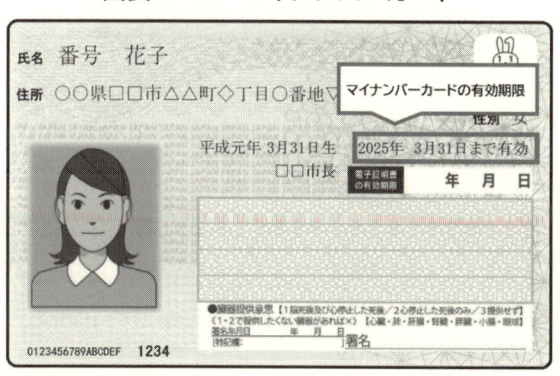

（出所）三次市ホームページ

「住所」や在留カード上の「氏名」等が変更になった場合には、14 日以内に市区町村の窓口でマイナンバーカードの券面に新しい情報を記載してもらう必要があります。住所変更の場合、転入届出の際にカードの持参がなく、継続利用手続きしないまま転入した日から 90 日が経過すると、カードは失効して使用できなくなります。

　マイナンバーカードの交付を受けていない場合には、通知カード等の住所や氏名の変更手続きはできないので、マイナンバーと新しい情報が記載された住民票の写しもしくは住民票記載事項証明書の交付を請求します。

　氏名欄には、通称名のみの記載はできません。マイナンバーカードへの氏名の記載は住民票をもとに作成されるので、住民票に通称名を記載されている場合、本名と通称名が併記されます。

(6)　運転免許証

　日本で自動車等を運転するためには、①日本の免許証を持っているか、②道路交通に関する条約（ジュネーブ条約）に基づく国際運転免許証を所持しているか、③自動車等の運転に関する外国（国際運転免許証を発給していない国または地域であって日本と同等の水準にあると認められる免許制度を有している国または地域）の免許証を所持していることが必要です。

　日本で運転できる期間は、①日本の免許証は有効期間内、②国際運転免許証および外国の免許証は日本に上陸した日から起算して 1 年間または免許証の有効期間（国際運転免許証の有効期間は発給の日から 1 年間）のいずれか短い期間となっています。

　外国等の行政庁等の免許を受けている人は、その免許で運転することができる自動車等に関する日本の免許を、試験の一部免除により取得す

図表Ⅱ-16 通称名を併記した免許証

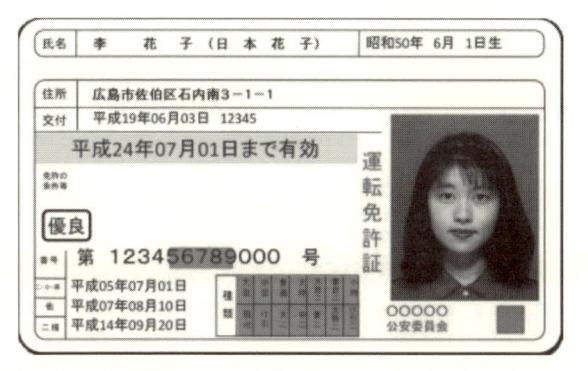

（出所）広島県警察ホームページ

る手続きを申請することができます。

　また、運転免許証に通称名（日本名の名称）を記載する希望がある場合は、運転免許試験手続き、更新手続き、再交付手続き、忘れ失効手続きおよび記載事項変更手続きの際に行います。国籍・地域および通称名が記載された住民票の写し（コピー不可、提出）が必要です。通称名は、免許証の氏名欄にカッコ書きで記載されます。

4　在留期間等の管理

　14ページで述べたとおり、全国銀行協会は、マネー・ローンダリング対策の一環として普通預金規定ひな型を改定し、「金融庁ガイドラインを踏まえた普通預金規定・参考例」を制定しました。外国人のお客さまについては、在留期間満了日までに、在留期間の更新の有無等をお届けいただくよう依頼している金融機関が多いと思います。自金融機関のアナウンスや届出方法を確認しておきましょう。

　金融機関によって預金規定は異なりますが、ここで改定された普通預金規定・参考例を参考までに掲載しておきます（下線が改定部分）。

○．（取引の制限等）

(1) 当行は、預金者の情報および具体的な取引の内容等を適切に把握するため、提出期限を指定して各種確認や資料の提出を求めることがあります。預金者から正当な理由なく指定した期限までに回答いただけない場合には、入金、払戻し等の本規定にもとづく取引の一部を制限する場合があります。

(2) 前項の各種確認や資料の提出の求めに対する預金者の回答、具体的な取引の内容、預金者の説明内容およびその他の事情を考慮して、当行がマネー・ローンダリング、テロ資金供与、もしくは経済制裁関係法令等への抵触のおそれがあると判断した場合には、入金、払戻し等の本規定にもとづく取引の一部を制限する場合があります。

(3) 前2項に定めるいずれの取引の制限についても、預金者からの説明等にもとづき、マネー・ローンダリング、テロ資金供与、または経済制裁関係法令等への抵触のおそれが合理的に解消されたと当行が認める場合、当行は当該取引の制限を解除します。

11．（解約等）

(1) この預金口座を解約する場合には、この通帳を持参のうえ、当店に申出てください。

(2) 次の各号の一にでも該当した場合には、当行はこの預金取引を停止し、または預金者に通知することによりこの預金口座を解約することができるものとします。なお、通知により解約する場合、到達のいかんにかかわらず、当行が解約の通知を届出のあった氏名、住所にあてて発信した時に解約されたものとします。

① この預金口座の名義人が存在しないことが明らかになった場合または預金口座の名義人の意思によらずに開設されたことが明らかになった場合

② この預金の預金者が第9条第1項（筆者注：譲渡、質入れ等の禁止の規定）に違反した場合

> ③　この預金がマネー・ローンダリング、テロ資金供与、経済制裁関係法令等に抵触する取引に利用され、またはそのおそれがあると合理的に認められる場合
>
> ④　この預金が法令や公序良俗に反する行為に利用され、またはそのおそれがあると認められる場合
>
> (3)　この預金が、当行が別途表示する一定の期間預金者による利用がなく、かつ残高が一定の金額をこえることがない場合には、当行はこの預金取引を停止し、または預金者に通知することによりこの預金口座を解約することができるものとします。また、法令に基づく場合にも同様にできるものとします。
>
> (4)　前2項により、この預金口座が解約され残高がある場合、またはこの預金取引が停止されその解除を求める場合には、通帳を持参のうえ、当店に申出てください。この場合、当行は相当の期間をおき、必要な書類等の提出または保証人を求めることがあります。

　以上の規定により、在留期間その他の預金者の情報を把握するための各種確認や資料の提出を求めた結果、マネー・ローンダリング等に係る対応を行うにあたって、自らが定める適切な顧客管理を実施できないと判断した顧客・取引等については、取引の謝絶を行うこと等を含め、リスク遮断を図ることとなります。

〈依頼方法や届出に関する例〉

- 届出住所やメールアドレス等に「在留期間の満了にともなう手続のお願い」を送る。
- 取引店等に来店していただき「在留期間満了の届出書」を提出していただく。(「通帳」または「キャッシュカード」、在留期間更新後の「在留カード」持参)
- 在留期間を更新しない場合、また、預金口座を使用しなくなった(帰国する)場合は口座解約していただく。

- 在留期間は満了したが、届出をしなかった場合は、預金規定に基づき、入金、振込、払戻し等お取引の全部または一部を制限する場合がある。

また、外国人のお客さまの在留期間管理については、次のような新しい動きもあります。

Column

セブン銀行、ATM を活用した
新サービス「+Connect」を開始

セブン銀行は、第4世代 ATM を活用した新サービス「+Connect」を提供開始し、9月26日から「ATM 窓口」などをスタートする。ATM 窓口は、セブン銀行以外の金融機関も、セブン銀行 ATM を「窓口」として利用できるサービス。口座開設のほか、住所などの届出情報の変更手続き、外国人の在留期限の管理などが ATM で行なえるようになる。あわせて、提供企業から利用者に対して、情報を通知したり回答を受信できる「ATM お知らせ」も開始する。

+Connect のサービスは、本人確認書類や IC、QR コードなどの読み取り機能、カメラによる顔認証など新型 ATM の特徴を活かして提供される。

ATM 窓口の主な機能は、口座開設や変更届（住所・電話番号等）、継続的顧客管理、在留カード提出、ローン申込。これらが ATM だけで完結でき、例えば口座開設は最短3分で完了できるという。また、継続的顧客管理では、ATM を利用者に「住所変更はありませんか？」など一定期間ごとに通知できるようになる。

ATM 窓口の特徴は、マイナンバーカード、運転免許証の IC チップとカメラによる本人確認を利用できること。口座開設や住所変更時も、マイナンバーカードの情報を活用できるため、正確な情報を自動取得できる。(2023年9月12日 Impress Watch)

5 外国為替取引の留意点

外国為替取引は外国にまたがって行われる取引ですので、取引の相手方の国の法律・慣行・慣習の規制を受けるほか、国際的な慣行・慣習の適用を受けます。外国為替取引において遵守すべき主な法令として、犯罪収益移転防止法や外為法（正式名称は「外国為替及び外国貿易法」）、米国OFAC規制などがあります。

事前に、「マネー・ローンダリング防止」および「テロ資金供与防止」などのため、取引内容の詳細の説明や、資料の提出のお願いをすることがある旨や、確認のため時間をいただくことがあり、確認結果によっては、送金をお断りする場合があることをお伝えすることも大切です。

(1) 仕向外国送金の通知義務

犯罪収益移転防止法の外国為替取引にかかわる条文では、仕向外国送金の通知義務があり、金融機関は送金金額に関係なく「名称」、「本店または主たる事務所の所在地」、「口座番号」などを支払金融機関に通知しなければなりません。

（外国為替取引に係る通知義務）

第10条 特定事業者は、顧客と本邦から外国（政令で定める国又は地域を除く。以下この条において同じ。）へ向けた支払に係る為替取引（小切手の振出しその他の政令で定める方法によるものを除く。）を行う場合において、当該支払を他の特定事業者又は外国所在為替取引業者（当該政令で定める国又は地域に所在するものを除く。以下この条において同じ。）に委託するときは、当該顧客及び当該顧客の支払の相手方に係る本人特定事項その他の事項で主務省令で定めるものを通知して行わなければならない。

2 特定事業者は、他の特定事業者から前項又はこの項の規定による通知を受けて本邦から外国へ向けた支払の委託又は再委託を受けた場合において、当該支払を他の特定事業者又は外国所在為替取引業者に再委託するときは、当該通知に係る事項を通知して行わなければならない。

3 特定事業者は、外国所在為替取引業者からこの条の規定に相当する外国の法令の規定による通知を受けて外国から本邦へ向けた支払又は外国から他の外国へ向けた支払の委託又は再委託を受けた場合において、当該支払を他の特定事業者又は外国所在為替取引業者に再委託するときは、当該通知に係る事項（主務省令で定める事項に限る。）を通知して行わなければならない。

4 特定事業者は、他の特定事業者から前項又はこの項の規定による通知を受けて外国から本邦へ向けた支払又は外国から他の外国へ向けた支払の再委託を受けた場合において、当該支払を他の特定事業者又は外国所在為替取引業者に再委託するときは、当該通知に係る事項（主務省令で定める事項に限る。）を通知して行わなければならない。

(2) 外為法の規制

◼1 外為法とは

外為法は、その名前が示すとおり、日本と外国との間における「資金の移動」や「物・サービスの移動」等の外国取引に適用される法律です。1949年に「外国為替及び外国貿易管理法」として制定され、その後何度か部分的な改正が行われてきましたが、1979年の改正で、外国取引に関する基本的な考え方が、従来の「原則禁止」から「原則自由」に変更されました。

さらに、その後の内外の金融情勢の変化に対応するため、1998年に抜本的な改正が行われ、資本取引（物やサービスの移転を伴わない対外的な金融取引）については、これまでの「許可」または「事前届出」から、「事後報告制度」に変更されました。このように、外為取引は原則

自由とされていますが、まったく無制限に行うことができるというわけではなく、国の許可・承認が必要な取引や事後報告が必要な取引もあります。

2 外為法の目的と為替管理

外為法は、第1条で「外国為替、外国貿易その他の対外取引が自由に行われることを基本とし、対外取引に対し必要最小限の管理・調整を行う」と定めています。つまり、外国為替取引は原則として自由とされていますが、緊急事態の発生など特殊な場合にのみこれを規制できるものとしています。

このような趣旨から、資本取引は原則として自由とされ、例外的に、有事規制が定められています。これらの例外的規制を発動するには、①日本の国際収支の均衡を維持することが困難である、②外国為替相場が急激に変動する、または、③大量の資金移動により日本の金融市場または資本市場に悪影響がある、といった要件が必要とされています（同法21条）。

3 外為法の適用範囲

外為法の適用対象になる対外取引は、「取引当事者」と「取引を行う場所」の組み合わせによって、次の4つに分類することができます。

(1) 居住者と非居住者が外国で行った取引

(2) 居住者と非居住者が日本で行った取引

(3) 居住者と居住者が行った外貨建ての取引

(4) 非居住者と非居住者が行った円建ての取引（証券の発行・募集の一部がこれに該当）

「居住者」とは、国内に住所または居所を有する自然人および国内に主たる事務所を有する法人や団体等（支店、出張所その他の事務所を含む）のことです。また、「非居住者」とは、居住者以外の自然人、法人および団体等をいいます。

外国人の場合、原則、非居住者として取り扱いますが、国内の事務所に勤務する者、入国後6か月以上経過している人については、居住者として取り扱います。

たとえば、日本に入国後6か月未満の外国人は原則として「非居住者」となり、留学生も同様の扱いとなります。入国後6か月経過した場合でも、金融機関で「非居住者」から「居住者」への変更手続きを行わなければ、引き続き「非居住者」としての取扱いが続くこととなります。

4 銀行等による確認義務

為替取引（主に外国送金）に関しては、外為法17条（銀行等の確認義務）で「銀行等は、顧客の支払等が経済制裁等規制に該当しないこと等を確認した後でなければ、当該為替取引を行ってはならない」と規定されています。

銀行には、非居住者のお客さまが関連する取引が「貿易に関する支払規制」「資金使途規制」「資産凍結等対象者との取引」等に該当する取引でないことの確認が義務付けられています。該当する取引に関し、上記規制等に該当しないことを確認する必要があります。

〈許可等の対象となる取引の例〉

- 北朝鮮を原産地または船積地域とするすべての貨物の輸入または仲介貿易にかかる取引
- 北朝鮮に住所等を有するものとの取引
- 資産凍結等対象者との取引
- ロシア政府等が発行した証券の取得・譲渡等に関連する取引
- ロシア・ベラルーシ向け技術提供・サービスに関連する取引
- ロシア関連の対外直接投資に関連する取引

なお、確認義務の確実な履行のため、2022年6月から、外為法に基づく非居住者のお客さまが関連する国内送金について、原則、外国送金

として取り扱うこととなっています。そのため、非居住者のお客さまが関連する、一部の国内送金の取扱場所や送金料金は、外国送金と同様になります（具体的な取扱いについては、銀行によって異なります。自行のルールを確認しておきましょう）。

5 外国送金等にかかる調書の提出等

海外への資産隠しや脱税を防止するための仕組みとして、外国送金等についての調書の提出制度が設けられています。この制度は、100万円（米ドルなどの外貨の場合には100万円相当額）を超える金額を海外に送金したり、あるいは海外から送金されたりする場合には、金融機関に告知書を提出しなければなりません。

この制度は、送金をしたり受けたりする人だけが報告を義務付けられているわけではありません。その送金業務を行った金融機関も税務署に対して報告が義務付けられています。金融機関は、その営業所等を通じて顧客が100万円超の外国送金を行った場合には、その外国送金ごとに、その取引を行った日を含む月の翌月末までに、営業所管轄の税務署に調書を提出しなくてはなりません。

為替送金業務を行った金融機関が調書に記載しなければならない内容は、図表Ⅱ-17のとおりです。

図表Ⅱ-17 外国送金等にかかる調書に記載しなければならない内容

外国送金の場合	送金依頼人の氏名または名称、住所、個人番号または法人番号、送金額、送金の原因等
外国からの送金の受領の場合	送金受領者の氏名または名称、住所、個人番号または法人番号、送金額、依頼人の口座で受領する場合は口座番号

(3) 米国 OFAC 規制

　米国 OFAC 規制とは、米国の財務省外国資産管理室（OFAC：Office of Foreign Assets Control）が、外交政策・安全保障上の目的から、米国が指定した国・地域や特定の個人・団体などについて、取引禁止や資産凍結などの措置を講じたものです。

　OFAC 規制は、米国人・米国金融機関を含む米国法人のほか、米国内に所在する外国人・外国法人に適用され、主に、米国で決済される米ドル建等、米国接点を有する取引が適用を受けます（日本で行われる外国為替取引であっても、米ドル建または米国人が関与する場合には、OFAC 規制の対象となります）。

　お客さまの取引が OFAC 規制に該当すると、送金資金が凍結されるなどの支障が生じる可能性があるため、受け付けることができません。ここでは、米国 OFAC 規制の対象となる取引を例示しておきますが、自金融機関の提示内容を確認しておきましょう。

以下の 1 から 4 のいずれかに該当する取引（全通貨）

1. 送金人、受取人、輸入者、輸出者、荷受人など取引の関係者の所在地・関係国・関係地等に、北朝鮮、イラン、キューバ、シリア、クリミア地域、ドネツク人民共和国（自称)、ルハンスク人民共和国（自称）が含まれている取引
2. 包括的制裁対象国等の政府（北朝鮮、イラン、キューバ、シリア、ベネズエラ）やその政府の役職員が直接的または間接的に関与する取引
3. 包括的制裁対象国・地域に居住している個人またはこれらの国・地域に所在する企業
4. テロリスト、麻薬取引者、大量破壊兵器取引者、多国籍犯罪組織などの制裁対象者が直接的または間接的に関与する取引

---

(4) 外国送金時の個人情報の取扱い

１ 個人情報保護法の改正

　個人情報保護法の改正により、2022 年 4 月 1 日から、金融機関は、外国送金の取扱いにあたって、あらかじめお客さまからお客さまの個人データを第三者（送金先の外国銀行等）に提供することについての同意を得るにあたり、お客さまに所定の情報提供を行うことが求められるようになりました。具体的な情報の内容や提供の方法等は金融機関によって異なりますので、自金融機関の取扱いを確認しておきましょう。

２ 送金先の外国銀行等に提供する情報

　外国送金においては、お客さまが外国送金依頼書などに記入した「依頼人名・住所」や送金の相手方である「受取人名・住所」、「受取人の取引銀行名・支店名」、「受取人の口座番号」などを、送金先の外国銀行等に提供します。

　なお、送金する通貨や送金方法（円建て、外貨建てなど）によっては、日本の金融機関から送金先の外国銀行（最終受取銀行）に直接送金することができず、最終受取銀行とは異なる外国銀行（経由銀行）を介して、送金電文を最終受取銀行に送信することがあります。この経由銀行は、日本や最終受取銀行の所在国以外の国（第三国）に所在する可能性もあります。また、複数の経由銀行を介する必要がある場合には、第三国も複数の国となる場合もあります。このような場合、最終受取銀行だけではなく、経由銀行にも情報を提供することになります。

　これらの情報は、個人情報保護法や犯罪収益移転防止法、外為法などの法令あるいは同様の趣旨の関係各国の法令の規定に従って、各金融機関が適切に管理のうえ、マネー・ローンダリング／テロ資金供与対策を目的として、日本や外国の関係各国の法令、制度、勧告、習慣や、送金先の外国銀行等が定める所定の手続きに従って提供します。

図表Ⅱ-18　外国送金の個人情報の取扱いに関する全国銀行協会リーフレット

外国送金における個人情報の移転先の外国法制度等についてのご案内

1　外国送金の仕組みについて

外国送金とは、日本の銀行から外国の銀行口座に資金を送金することをいい、通常、外国送金は、銀行間の国際的金融取引ネットワーク「SWIFT」（スイフト：Society for Worldwide Interbank Financial Telecommunication SC、本拠：ベルギー）を利用して処理されます。

なお、スイフトには、200以上の国・地域で1万1,000社以上の銀行、証券会社等が参加しています。このため、理論的には、全世界の国・地域に外国送金が可能ですが、外国為替および外国貿易法や米国OFAC規制等の法令により外国送金ができない国・地域や、外国送金に当たって送金先の詳細や送金の資金源に関する資料のご提出が必要となる国・地域があります。詳細はお取引金融機関にご照会ください。

外国送金の仕組みは次のイメージ図のとおりです。送金する通貨や送金方法によっては、日本の銀行から送金先の外国銀行（最終受取銀行）に直接送金することができず、別の銀行（経由銀行）を介して、最終受取銀行に送金される可能性があります。この経由銀行は複数の国にわたる場合があります。

■外国送金の仕組みのイメージ

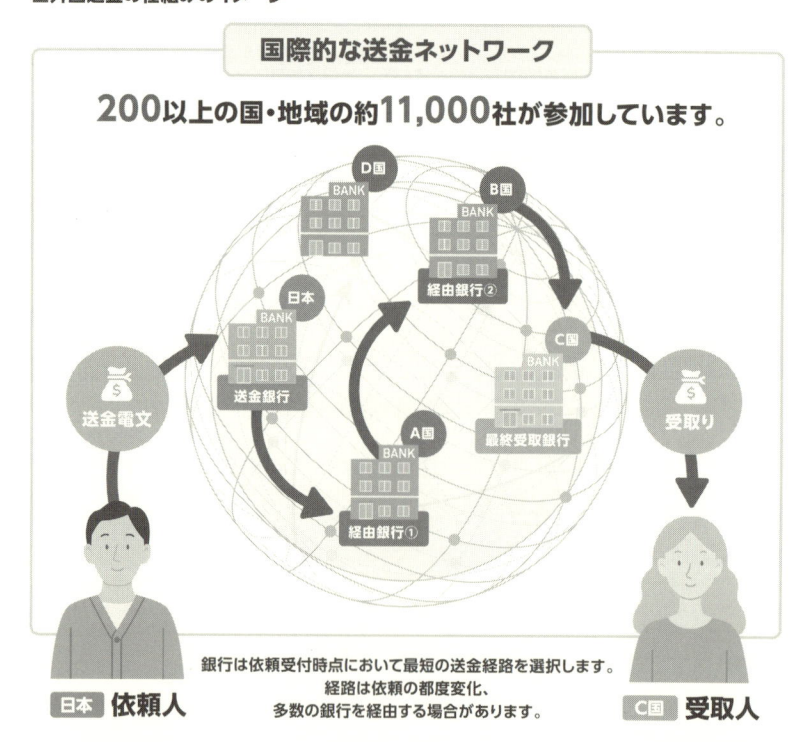

2 外国銀行およびスイフト等に提供される情報について

外国送金においては、外国銀行（最終受取銀行および経由銀行）ならびにスイフト等に「外国送金依頼書」等に記入した「ご依頼人名・住所」や「お受取人名・住所」、「お受取人の取引銀行名・支店」、「お受取人の口座番号」等が提供されます。

これらの情報は、マネー・ローンダリングおよびテロ資金供与対策等を目的として個人情報保護法、犯罪収益移転防止法、外国為替および外国貿易法等の法令あるいは同様の趣旨の関係各国の法令の規定をもとに、各銀行が適切な管理を行ったうえで、所定の手続きに従って外国銀行等に提供されております。

3 個人情報保護法におけるお客さまへの情報提供に関するご説明について

2022年4月1日施行の改正個人情報保護法の規定により、お客さまからご依頼を受けた外国送金のお取扱いに当たっては、事業者は、次の（1）〜（3）の情報を電磁的記録の提供による方法、書面の交付による方法、その他適切な方法によりご本人に提供しなければならないこととされました。

（1）外国の名称（送金先の外国銀行等が所在する国名）

（2）適切かつ合理的な方法により得られた外国における個人情報の保護に関する制度に関する情報
　　（送金先の外国銀行等が所在する外国の個人情報保護制度に関する情報）

（3）第三者が講ずる個人情報の保護のための措置に関する情報
　　（送金先の外国銀行等における個人情報保護措置に関する情報）

ただし、上記（1）の外国銀行等が所在する国名が特定できない場合は、次の情報を提供しなければならないとされています（例えば、外国送金については、ご依頼を受け付けた時点では、経由銀行の有無や経由銀行名およびその所在地を把握することができず、当該経由銀行が所在する外国を特定することができません）。

①「外国の名称」が特定できない旨およびその理由

②「外国の名称」に代わる本人に参考となるべき情報がある場合は、当該情報

また、上記（3）の情報を提供できない場合は、その旨およびその理由について提供しなければならないとされています。

なお、上記（2）や（3）に関して、送金先の外国銀行等は、理論上、スイフトに参加している世界200以上の国・地域に所在する1万社近い銀行等が対象となる可能性があります。このため、日本の銀行がこれらすべての外国の個人情報保護制度や外国銀行等が講ずる個人情報の保護のための措置に関する情報を収集し、お客さまに提供することは、非常に困難と考えられます。

4 外国送金に当たってのお願い

銀行は、可能な限り経由銀行や経由国が少ないかたちで、最終受取銀行に送金できるよう努めていますが、国際決済のために外国銀行等と締結している契約（コルレス契約）上の制約や経由銀行の判断が尊重されることなどの理由から、外国送金依頼を受け付けた時点においては、経由銀行の有無や経由銀行名およびその所在地を把握することができず、「外国の名称」を特定できません。

加えて、送金可能な国・銀行の数が非常に多いことから、経由銀行および最終受取銀行の所在する外国における個人情報の保護に関する制度に関する情報や当該外国銀行等の個人情報の保護のために講じる措置についても、お取引金融機関が情報提供できない場合があります。

以上の内容にご留意いただき、外国送金をご依頼される場合は、諸外国の個人情報保護制度等を、事前にお取引金融機関のウェブサイトおよび全国銀行協会のウェブサイトでご確認くださいますようお願いいたします。

なお、国の行政機関である「個人情報保護委員会」のウェブサイトにおいても、外国の個人情報保護制度を掲載しておりますので、あわせてご確認ください。

＊全国銀行協会ウェブサイト（https://www.zenginkyo.or.jp/article/tag-f/17491/）

＊個人情報保護委員会ウェブサイト（https://www.ppc.go.jp/personalinfo/legal/kaiseihogohou/#gaikoku）

 一般社団法人　全国銀行協会

（2022年10月作成）

❸ お客さまの同意を得るにあたって提供しなければならない情報

今回の改正個人情報保護法では、お客さまご本人の同意を得ることに加えて、金融機関がお客さまの同意を得ようとする場合には、あらかじめ、次の（1）～（3）の情報を、お客さまご本人に提供しなければならないこととされました。

> （1）外国の名称（送金先の外国銀行等が所在する国名）
> （2）適切かつ合理的な方法により得られた外国における個人情報の保護に関する制度に関する情報（送金先の外国銀行等が所在する外国の個人情報保護制度に関する情報）
> （3）第三者が講ずる個人情報の保護のための措置に関する情報（送金先の外国銀行等における個人情報保護措置に関する情報）

なお、全国銀行協会では、外国の個人情報保護制度に関して、国の行政機関である「個人情報保護委員会」が調査・公表する外国の個人情報保護制度のほか、UNCTAD（国連貿易開発会議）が公表する外国の個人情報保護制度の有無を案内しています。

（以上、全国銀行協会ホームページより）

（5） その他の注意点

外国為替取引では取引相手国の時差の関係で、同一日付、時間帯等で決済できないリスクがあります。たとえば、米国からの電信送金では時差によって日本での資金の受け取りは必ず翌日以降になるため、入金時期については注意するようにしましょう。

その他、適用される為替レートが金融機関の計算実行時の相場になることや、必要となる手数料・諸経費についても、事前にお客さまに説明することを忘れないようにしましょう。

(6) 外国為替取引等取扱業者遵守基準への対応

　外国為替取引等取扱業者遵守基準は、銀行等その他の金融機関等の外国為替取引等取扱業者が、支払等、その顧客の支払等にかかる為替取引、資本取引等の外国為替取引等を行うにあたって遵守すべき基準を定めたものです。2023 年 4 月 1 日に施行された外為法の一部改正に伴い創設され、金融機関等に対し資産凍結措置を適切に実施するために、次のような態勢整備義務を課しています。

- 外国為替取引等の危険度を分析・評価し、その結果を記載（記録）する
- 危険度を十分に低減させるための方針を策定し、当該方針に基づき、危険度を十分に低減させるための対応方法を定め、これらを実施するための手順書を作成し、当該手順書に従って外国為替取引等を行う
- 外国為替取引等に関連する業務に従事する役員及び職員に対する研修の実施
- 統括責任者の選任
- 監査部門の設置

新規口座の開設に
あたっての
留意事項

　外国人への給与の支払いにあたっては、支払いの確実性や適正性の観点から、預貯金口座への振込が望ましいとされています。

　入国したばかりで日本に不慣れな外国人のお客さまにとっては、預貯金口座の開設において、主に言語や口座開設上必要な手続が複雑で難しい場合があります。口座開設手続を円滑に行えるよう、お客さまの状況に応じたサポートを心がけましょう。

　第III部では、これまで記述した知識をもとに、実際の応対場面での留意事項をまとめていきます。

1 金融機関で預貯金口座を開設できる外国人のお客さま

外国人のお客さまが普通預貯金口座を開設するためには、次の2つの条件を満たしている必要があります。

条件1：仕事や留学で日本に6か月以上滞在している

在留期間が6か月未満の場合"非居住者"とみなされ、法律（外国為替及び外国貿易法）により、普通預貯金口座を作ることができず、「非居住者円預金」の口座しか開設することができません。外国に送金可能である一般的な普通預貯金口座を作ることができないため、自国に暮らす家族に仕送りを行いたい場合は注意が必要です。

ただし、一部の金融機関では、在留期間が3カ月以上であれば普通口座を作ることができるようです。

〈普通預貯金口座と非居住者円預金口座の違い〉

非居住者円預金口座は、普通預貯金口座に比べてできることが限られます。銀行によって異なりますが、海外への送金が制限される、キャッシュカードがない（ATMが利用できない）、口座引落し（家賃や光熱費、クレジットカード使用金額など）ができない、手続きにかかる手数料が高額、入出金できる支店が限られるなど。つまり、お金を預け、おろすくらいしかできないケースが多いです。

条件2：住民票を取得している

在留期間が3か月以下（90日以下の観光ビザなど）の人は在留カードが発行されず、住民登録ができないため住民票も取得できません。また、日本滞在期間が6カ月を超えていても、住民票を取得していなければ銀行口座を開設すること

はできません。

2 口座開設に必要な書類等

　外国人のお客さまが、普通預貯金口座を開設する場合には、以下のような書類等が必要です。手続きのはじめに、必要書類をお持ちか確認をしましょう。

1 本人確認書類

　外国籍の方については、取引時確認の本人特定事項の確認とともに、日本への滞在許可を確認する必要がありますので、**在留カード、特別永住者証明書**（該当する方）等を提示していただきます。

　在留カードについては、在留期間満了日まで3か月以上あるものという金融機関が多いようです。自金融機関の基準を確認しましょう。

2 在留資格を確認できる身分証

　在留カード等によって在留資格や在留期間（満了日）などを確認するだけでなく、在留資格が「留学」の方には**学生証**を、在留資格が「技能実習」の人には**社員証**など実態が確認できる書類を提示していただきます。

3 通称名のわかる公的書類

　通称名で通帳作成希望の人は、**住民票**や**運転免許証**など通称名のわかる公的書類を提示いただきます（金融機関によっては、通称名での通帳作成に慎重なところもありますので、自金融機関のルールを確認しましょう）。

4 印　章

　重要な契約をするとき、海外では手書きのサインをしますが、日本では多くの金融機関がサインの代わりに印鑑を押していただくことをご理

101

図表Ⅲ-1　外国人のお客さまのための口座開設手続き等に関するチラシ（全国銀行協会）

外国人の皆さまへ

預金口座の開設にあたっては、以下の書類等が必要となります。
予めご準備のうえ、銀行にご来店ください。

《 口座開設に必要なもの 》

（例）在留カード

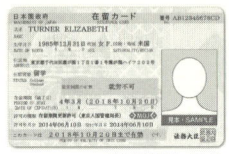  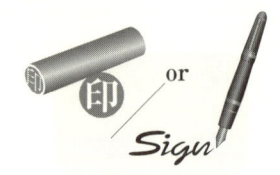

出典：入国管理局ホームページ

本人確認書類

- 氏名、住所（日本の住所）、生年月日が記載された写真付きの本人確認書類が必要となります。

（例）
- ▶ 在留カード
- ▶ 特別永住者証明書
- ▶ マイナンバーカード
- ▶ パスポート

※必要に応じて、在留期間を確認させていただくことがあります。
また、複数の本人確認書類の提示をお願いすることがあります。

印章・サイン

- 口座開設時に申込書に押印いただく必要がございます。サインによる代替が可能な金融機関もあります。
- 印章は専門店で銀行取引用のものをお求めください。

その他

- その他、社員証等の勤務実態が確認できる書類もお持ちください。
- また、勤務先への電話等により勤務実態を確認させていただくこともございます。
- 日本語のサポートが必要となる場合には、勤め先の方等の継続的にご協力いただける方と同伴ください。
- 留学生の方は学生証もお持ちください。

預金口座の売買は犯罪です!!

- ●預金口座の売買（預金通帳・キャッシュカードの譲渡等）は日本の法令により禁止され、売る側も買う側も罰せられることになります。
- ●在留期間の満了等により、本国へ帰国される場合には、取引金融機関で解約手続きを取っていただく等、口座の不正利用防止にご協力ください。

一般社団法人
JBA JAPANESE BANKERS ASSOCIATION **全国銀行協会**

（出所）全国銀行協会ホームページ

解いただき、まだ印章をお持ちでいないお客さまには印章を作ることをお願いします（印章はカタカナやローマ字でも作ることができます）。

5 連絡先（電話番号）

連絡先（金融機関と連絡がとれる電話番号）がない場合、口座開設をしない金融機関も少なくないでしょう。自金融機関の事務手続きを確認しましょう。

全国銀行協会では、口座開設時に必要になる書類等について説明した「外国人の皆さまへ」を14言語で作成し、会員金融機関に提供しています（図表Ⅲ-1）。自金融機関での説明チラシとして利用しているか、これに相当するものがあるかなどを確認しておきましょう。

3 取引に際しての依頼

外国人のお客さまが日本で金融機関と取引をする場合には、ご本人やその外国人を雇い入れる企業の方に、次のことを説明しておきます。案内用のチラシを作成していたり、全国銀行協会のチラシを使っている金融機関が多いと思いますので、自金融機関のアナウンス方法を確認しましょう。

1 帰国（出国）時の口座解約

外国人の方が在留期間の満了などの理由で帰国し、預貯金口座を利用しなくなるときは、金融機関の窓口に行き、預貯金口座を解約するよう案内します。給与口座開設などで、受入れ企業の方が一緒に来店した場合には、受け入れた外国人の方が帰国される場合は、金融機関にその旨の情報提供にご協力いただくようお願いします。

2 通帳等の売買は犯罪

昨今、来日外国人が帰国する際に犯罪グループに売却した個人名義口

座が特殊詐欺の振込先に悪用される事例が発生しています。帰国する外国人の中には、犯罪行為であるとの認識が薄いまま、小遣い稼ぎ等を目的とし、預貯金口座（預貯金通帳・キャッシュカード等）を売却してしまう人がいるのです。売却された預貯金口座は、振り込め詐欺等の犯罪収益の受け渡しに使用されることがあります。

外国人の方や受入れ企業の方に対して、預貯金口座の売買（預金通帳・キャッシュカードの譲渡等）は犯罪であることの注意喚起をし、そういった行為に関わると、法令による処罰や、国外退去処分、入国禁止となる場合があることを説明します。

帰国することとなったときは、必ず来店して口座の解約手続きをしていただく必要がありますので、そのことも忘れずに説明しておきます。

3 住所等に変更があった場合の連絡

引っ越しをするなどで住所が変わった、電話番号が変わった等の諸届事項の変更があった場合には、必ず連絡をいただきたい旨もしっかりとお伝えしておきましょう。

4 在留資格、在留期間が変わったときの連絡

住所変更や、在留カードの更新が行われたときには、新しい在留カードを確認させていただきたいことをお伝えします。

そのうえで、自金融機関の管理ルールに従って、在留カードの期限前に連絡を差し上げるなどをして継続管理をしていきます。

図表Ⅲ-2　口座売買防止にかかるチラシ（全国銀行協会・警視庁）

預金口座の売買は犯罪です！

Selling or buying a deposit bank account is a punishable offence!

买卖银行存款账户是犯罪行为！

Bán hoặc mua tài khoản tiền gửi ngân hàng là một hành vi phạm tội có thể bị phạt!

●銀行の通帳（つうちょう）やキャッシュカードを売ったり、買ったりするのは、絶対にしてはいけません。犯罪（はんざい）です。たとえば、他の人に自分の銀行の通帳（つうちょう）やキャッシュカードを売ってお金をもらったり、他の人の銀行の通帳（つうちょう）やキャッシュカードを買ったりしてはいけません。売った人も買った人も警察（けいさつ）につかまります。

● 买卖银行存款账户（例如，买卖银行存折或银行卡）是日本法律禁止的行为，买卖双方都将受到法律制裁。

● Selling or buying a deposit bank account (i.e., selling or buying a deposit account pass book or cash card) is prohibited under the law of Japan and incurs punishment on both seller and buyer.

● Bán hoặc mua tài khoản tiền gửi ngân hàng (nghĩa là bán hoặc mua sổ tiền gửi ngân hàng hoặc thẻ rút tiền) đều bị cấm theo luật pháp Nhật Bản và cả người bán và người mua đều phải chịu phạt.

●銀行の通帳（つうちょう）やキャッシュカードが悪いことに使われないように、みなさん協力（きょうりょく）してください。日本にいる時間がすぎて国へ帰るときは、銀行に通帳（つうちょう）とキャッシュカードを持って行って、「かいやく したいです」と言ってください。

● 如果因逗留期限届满而需返回自己国家，为防止银行账户被非法利用，请到相关金融机构办理注销账户手续。

● If you return to your home country due to the expiration of the period of stay etc., to help prevent the unlawful usage of bank accounts, please complete the account closing procedure of your financial institution.

● Nếu bạn trở về nước do hết hạn thời gian lưu trú, v.v..., để giúp ngăn chặn việc sử dụng bất hợp pháp tài khoản ngân hàng, vui lòng hoàn tất thủ tục đóng tài khoản ở tổ chức tài chính của bạn.

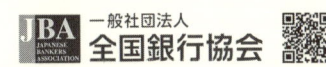

街とともに。人とともに。
FOR MORE COMMUNICATION

けいしちょう

（出所）警視庁ホームページ

4 その他取引についてのご案内や注意

1 給与振込に関する書類

特定技能1号の資格で入国した外国人に対する給与の支払いは、預貯金口座への振込の方法で行う決まりになっています。このため、雇用契約を締結後、実際に働くまでの間に給与振込用の口座を開設しておく必要があります。

その際、電気、ガス、水道などの各種公共料金や電話、インターネットなどの通信料金についても、口座からの自動引落しが便利であることもアドバイスしましょう。

2 送金ニーズの確認

母国へ送金したいといったニーズがある場合は、銀行や資金移動業者による送金サービスについてもご案内します。

3 犯罪に巻き込まれないための注意喚起

さらに、免許を持たずに銀行業・貸金業を行う地下銀行・ヤミ金融や、マネー・ローンダリング、口座の売買。譲渡、偽造クレジットカードや偽造キャッシュカードの使用などの犯罪に、絶対に関わらないよう注意喚起します。

また、金融庁・財務局の職員や銀行員等がキャッシュカードのカード番号や暗証番号を聞くことは絶対にありません。外国人のお客さまが騙されないよう注意喚起しておくことを忘れないでください。

5　氏名の登録

1　氏名登録時の確認事項

　おそらくどこの金融機関もお客さまの氏名をシステム登録するときには、文字数の制約があるものと思われます。

- 「漢字氏名欄」「カナ氏名欄」に英文字やカタカナで入力する場合に文字数オーバーしてしまう場合、お客さまの氏名漢字がシステムに登録されていない場合等どのような対応を取るのかは金融機関により異なります。簡略化氏名として、文字数に合わせて入力できるところまで入力するのか、協議した結果決めるのか等、自金融機関のルールを確認しておきましょう。

- 「漢字氏名欄」に入力した氏名は、通帳印字氏名になるかと思いますので、印鑑票氏名欄および新規口座開設票氏名欄には、本人確認書類の氏名を書いていただくのか、簡略化した氏名か、併記かについて確認をしておきましょう。

- また、その後の入出金等取引時の伝票には、どのように記載するのか（簡略化した通帳印字氏名なのか、本人確認書類の氏名なのか、併記か等）についても確認をしておきましょう。

2　通称名取引の可否

　通称名での取引については、安易に受けないようにルール化している金融機関も多いと思います。自金融機関のルールを確認しておきましょう。

　通称名取引を希望される場合には、その理由をお聞きして公的書類で通称名を確認させていただいたうえで受け付けます。

3　お客さまへの説明と了承

　文字数制限で氏名の一部が通帳に印字されたり、漢字をシステムにあ

る漢字に置き換えて入力し通帳印字された場合等は、その旨をお客さまに説明し、ご了承いただくことが大切です。

　勝手に名前を省略等して、お客さまの了承を得ないまま通帳を交付することがないようにしましょう。

第 IV 部

わかりやすい日本語による手続き

　調査によると、日本語で会話ができると答えた外国人は 8 割超、希望する発信言語として「やさしい日本語」を望む外国人が 76 ％と一番多いそうです。

　お客さまにわかりやすく話をすることは、外国人のお客さまのみでなく、すべてにおいて大切なことです。

　第 IV 部では、わかりやすい日本語について、例を挙げていきますので、参考にしてください。

1 やさしい日本語

　外国人のお客さま応対をするときに、言語の壁に悩むことも少なくないでしょう。外国人のお客さまの多い金融機関の店舗によっては、翻訳機能のある機械を用意して対応しているところもあるようですが、すべての窓口ですべての外国人のお客さまの母国語での対応はなかなか難しいのが現実です。

　実は、日本に住む外国人に情報を伝えたいときに、多言語で翻訳・通訳するほかに、「やさしい日本語」を広く活用することが期待されています。やさしい日本語は、難しい言葉を言い換えるなど、相手に配慮したわかりやすい日本語のことです。日本語の持つ美しさや豊かさを軽視するものではなく、外国人、高齢者や障害のある人など、多くの人に日本語を使ってわかりやすく伝えようとするものです。

　受け手の外国人の言葉のニーズはどうでしょうか。生活のための日本語に関する調査によると、「日常生活に困らない言語」を「日本語」とした外国人は約 63 ％にのぼり、「英語」と答えた外国人の 44 ％を大きく上回っています。また、法務省による調査でも、日本語で会話ができると答えた外国人は 8 割を超えています。さらに、東京都国際交流委員会の調査では、「希望する情報発信言語」として「やさしい日本語」を選んだ人が最も多く 76 ％、「英語」が 68 ％、「日本語」が 22 ％、「機械翻訳された母国語」が 12 ％、「非ネイティブが訳した母国語」が 10 ％と、やさしい日本語に対するニーズが高いことがわかります。

(1) 外国人にもわかりやすい日本語

「在留支援のためのやさしい日本語ガイドライン」（出入国在留管理庁、文化庁）では、外国人にもわかりやすい日本語について、例を挙げ

ながら説明しているので、ポイントを抜粋したいと思います。

　これらは、外国人のお客さまだけでなく、日本人のお客さま、特に高齢者応対を工夫するうえでも参考になります。

図表Ⅳ-1　　外国人の日本語での会話力

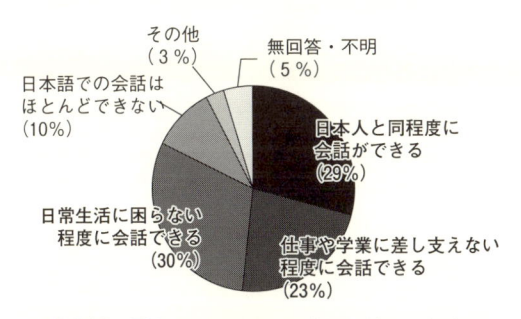

平成28年度法務省委託調査研究事業「外国人住民調査報告書」より
調査対象者：日本の37市区に在留する18歳以上の外国人
（適法に一定期間以上日本で生活している人）

図表Ⅳ-2　外国人が日常生活に困らない言語

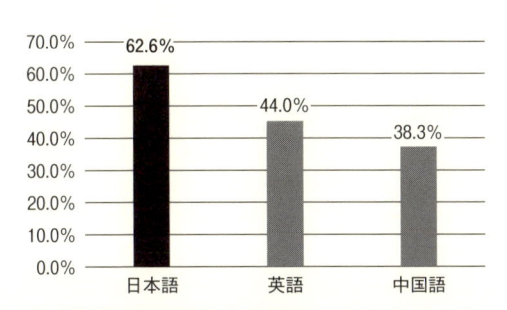

2008年度－2011年度科学研究費補助金基盤研究B「「生活のための日本語」に
関する基盤的研究：段階的発達の支援をめざして」（データは岩田一成（2010）
「言語サービスにおける英語志向」『社会言語科学』13（1）より引用）
調査対象者：全国20地域に在留する20歳以上の外国人

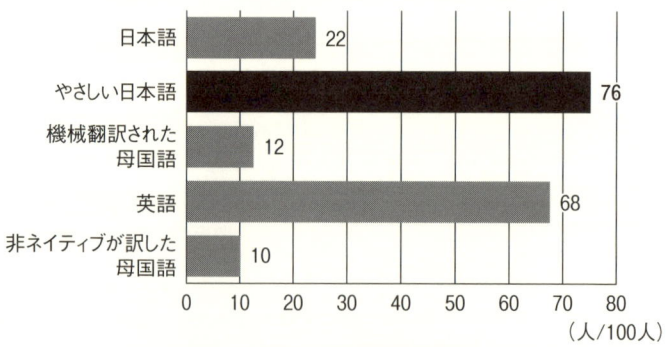

図表Ⅳ-3　外国人が希望する情報発信言語

- 日本語: 22
- やさしい日本語: 76
- 機械翻訳された母国語: 12
- 英語: 68
- 非ネイティブが訳した母国語: 10

（人/100人）

外国人が希望する情報発信言語
やさしい日本語 76%

東京都在住外国人向け情報伝達に関するヒアリング調査
（東京都国際交流委員会 2018年）
調査対象者等：東京都在住または在勤の外国人100名

（図表Ⅳ-1～3出所）出入国在留管理庁、文化庁「在留支援のためのやさしい日本語ガイドライン」（2020年8月）

1 ポイント1：文をわかりやすくする

① 二重否定を使わない

「～ないことはない」「～ないわけではない」「～以上／以外は必要ない」などの二重に否定する表現はわかりにくくなります。

　　　×：在留カード以外は必要ありません。

　　　○：在留カードを持ってきてください。

② 受身形や使役表現をできる限り使わない

行動の主体（視点）がわかりにくくなるので、できる限り使わないようにします。

　　　×：住民税は、市町村で課税されます。

　　　○：住民税は、市町村へお金を払います。

2 ポイント2：言葉に気をつける

① 簡単な言葉を使う（難しい言葉を使わない）

対象とする外国人に合わせてわかりやすくします。難しい言葉や専

門用語はできる限り使わないよう心がけます。

- 和語を使う（漢語はできる限り使わない）

  ×：こちらに記入願います。

  ○：この紙に書いてください。

- 簡単な言葉を使う

  ×：必ず印鑑をご持参ください。

  ○：必ずはんこを持ってきてください。

- 抽象的な言葉は使わない

  ×：お手続きは、休日はなるべく避けてください。

  ○：平日に手続きをしてください。

- 略語は使わない

  ×：健診は年1回となります。

  ○：健康診断は1年に1回です。

- ローマ字は使わない

  ×：外国人は、必ずしもローマ字を日本語の発音のとおりに読めるとは限りません。

② 曖昧な表現はできる限り使わない

曖昧な時間や数字を表す表現は多用しないようにします。複数の意味を持つ表現は使わないようにします。

- 曖昧な表現を多用しない（例：くらい、ごろ、など）

  ×：ごみ収集車は、月曜日の9時ごろに来ます。

  ○：ごみを集める車は、月曜日の午前8時30分から午前9時30分きでに来ます。

- 複数の意味を持つ表現は使わない（2つの意味があるため、誤解を生むことがあります）

  ×：結構です。

  ？：良いです　なのか　要りません　なのかわからない

③　推測表現を使わない

「おそらく」「ようです」「ではないでしょうか」「可能性があります」
「おそれがあります」などの推測表現は使用を避け、断定的な表現に
します。断定的な表現が問題となる場合には「〜かもしれません」
「たぶん〜です」を使います。

④　文末は「です」「ます」で統一する

尊敬語、謙譲語は使わず、敬語は丁寧語だけにします。

　　　×：お越しいただく必要はありません。

　　　○：来なくてもいいです。

以下のように、はっきりと伝えます。

- 可能 → することができます
- 不可能 → することができません
- 指示 →「〜ましょう」は勧誘の意味もあるため、「〜してくださ
  い」または「〜しなければなりません」を使います。

⑤　重要な言葉はそのまま使い、言葉の説明を加える

言い換えが難しいときは、その言葉を説明するようにします。災害
用語や日常生活でよく使う言葉など、知っておくとよい言葉はそのま
ま使い、言葉の後に説明を加えます。

- 重要な言葉：余震 ＋ 言葉の説明：後から来る地震
- 重要な言葉：暗証番号 ＋ 言葉の説明：あなただけが知っている
  番号

⑥　時間や年月日を言うときは、わかりやすく、聞き取り間違いがない
ように

元号は使わずに西暦を使います。日にちの説明は聞き取り間違いを
防ぐために曜日も加えます。

　　　×：令和6年4月2日（「ふつか」と「はつか」は聞き間違えやす
　　　　　い。他にも「よっか」と「ようか」は聞き間違えしやすい。こ

れら聞き間違えしやすい日にちや「ついたち」「いつか」「むい
か」「なのか」「ここのか」「とおか」などは難しいので、書い
て説明をするなど工夫します）

○：2024年4月2日の水曜日。時間は、12時間表示と午前・午
後、24時間表示を両方言うようにします。

○：午後2時、14時に来てください

⑦ 「年度」を使うことが必要な場合

できる限り具体的に「○○年○月○日から△△年△月△日まで」と
説明します。「年度」を使うことが必要な場合は、最初に言葉が出て
きたときに説明します。

(2) やさしい日本語の変換例

1 変換例：住所の届出

> 【元の文章】
>
> 新規の上陸の許可を受けて日本に入国した場合
>
> 在留カードが交付された方（後日交付となった方を含む。）は、住所
> を定めた日から14日以内に、在留カード（後日交付となった方はパス
> ポート）をお持ちになってお住まいの市町村において転入の届出をする
> 必要があります。ご家族と一緒に日本で暮らす方については、ご家族の
> 関係（続柄）を証明する文書（本国の政府などの公的機関が発行したも
> ので、婚姻証明書、出生証明書など）が必要となります。

ステップ1 ：日本人にわかりやすい文章

POINT1：伝えたいことを整理して、情報を取捨選択する

POINT2：3つ以上のことを言うときは箇条書きを使う

新規の上陸許可を受けて日本に入国した場合

・住所を定めた日から14日以内に市区町村に転入の届出が必要です。

・届出の際は在留カード（後日交付の人はパスポート）を持参してく

ださい。

・家族と一緒に暮らす場合は、婚姻証明書や出生証明書などの家族関係を証明する公的な文書も必要です。

ステップ2：外国人にわかりやすい文章

POINT1：簡単な言葉を使う（難しい言葉を使わない）

POINT2：漢字の量に注意して、ふりがなをつける

日本（にほん）の住所（じゅうしょ）が決（き）まったとき

・住所（じゅうしょ）が決（き）まってから14日（にち）以内（いない）に、住所（じゅうしょ）がある町（まち）の役所（やくしょ）に「転入届（てんにゅうとどけ）」を出（だ）します。

・役所（やくしょ）には、パスポートか「在留（ざいりゅう）カード」を持（も）っていきます。

・日本人（にほんじん）ではない家族（かぞく）と住（す）む人（ひと）は、家族（かぞく）の関係がわかる書類（しょるい）も持（も）っていきます。

説明時には、この文章を参考に「日本の住所が決まったときには、やることが3つあります。1〜、2〜、3〜」などを、指で「1」「2」「3」などと示したり、届出を表すように手で四角い書類を空間に描いて示したり、身振り手振りを加えながら説明するとわかりやすいです。

2 変換例：在留資格の取得（出生）

もう1つ、変換例を紹介しておきます。

【元の文章】

父母が共に外国籍の場合、出生届が受理されると、子供が生まれた日から60日の間は、在留資格を有することなく住民票が作成されます。子供が生まれた日から60日を超えて日本に滞在しようとする場合は、子供が生まれた日から30日以内に最寄りの地方出入国在留管理官署において、在留資格の取得申請をする必要があります。

ステップ1：**日本人にわかりやすい文章**

　　　　POINT1：伝えたいことを整理して、情報を取捨選択する

　　　　POINT2：一文を短くする（一文で言いたいことは1つだけ）

　日本で生まれた子供が、

・日本国籍を持たない

・出生後60日を超えて引き続き日本に滞在したい

ときは、出生した日から30日以内に、地方出入国在留管理局で在留資格取得の申請を行う必要があります。

ステップ2：**外国人にわかりやすい文章**

　　　　POINT：簡単な言葉を使う

　日本で赤ちゃんが生まれて、

・赤ちゃんの国籍が日本ではない

・生まれてから60日より長く日本にいる

ときは、家の近くの入管（出入国在留管理局）に書類を出して赤ちゃんの「在留カード」をもらいます。

　生まれてから30日以内に、役所でもらった書類を持って、入管に行きます。

2　会話例で学ぶ新規口座開設手続き

　ここまでの説明をもとに、外国人のお客さまにわかりやすい説明で新規口座開設の手続きを書いてみます。

テ ラ ー「いらっしゃいませ」

お客さま「通帳を作りたい……」

テ ラ ー「通帳を作るのですね(※1)。どうもありがとうございます」

※1： 普段は「口座の開設」「通帳の作成」といった言葉を使うテラーがいるかと思いますが、ここではお客さまの「通帳を作りたい」という言葉を繰り返すことと、「開設」「作成」という固い言葉ではなく、「作る」というやさしい表現にしました。通帳に「御」をつけて丁寧語にしていませんので、笑顔での対応やゆっくり目に話したり、口をはっきりと開けて話し、口の形でもおおよそ「あ行」なのか「か行」なのかなどをわかるようにします。また、声のトーンを明るくするなどで丁寧さを出します。

テラー「日本語で話しても大丈夫ですか[※2]」

※2： 日本語がまったくわからないお客さまの場合は、日本語のわかる人と一緒に来られないかお聞きします。

お客さま「大丈夫。だいたいわかる……」

テラー「ありがとうございます」

●口座開設前に必要なこと●

テラー「通帳は、あなたの名前で作りますか[※3]」

※3：「名義」「氏名」という言葉を避け、わかりやすく「名前」としました。また、「お作りになりますか」ではなく「作りますか」と言っていますので、※1と同様、丁寧な言い方になるように表情、話す速さ、トーンを工夫します（以下、同様です）。

お客さま「はい、私の通帳です」

テラー「ありがとうございます、あなたの通帳ですね」

テラー「あなたは、○○銀行で[※4]通帳を作るのは初めてですか」

※4： 通常の会話では「私どもで」「当行で」と表現することも多いと思いますが、ここではわかりやすく銀行名をはっきりと伝えました。

お客さま「初めてです」

テラー「わかりました[※5]。このお店の近くに住んでいますか[※6]」

※5： 　お客さまの日本語理解レベルから、「かしこまりました」「承知しました」などでもご理解いただけるようでしたら、謙譲語を使います。

※6：「支店」「当店」ではなく「このお店」としました。先ほどの銀行名のように「ここ○○支店」と支店名をいうのも良いかもしれません。お客さまの様子を見て「このお店、○○支店」と言い換える方法もあります。

　「お住まい」「住所」ではなく「住んでいる」という言い方にしてみました。

お客さま「はい、近い」

テ ラ ー「通帳を作るのには、<u>○分から○分かかります</u>(※7) が、時間はありますか？」

※7：「○分から○分」と明確にし、「○分くらい」「○分ほど」という曖昧な表現を避けました。

お客さま「大丈夫」

テ ラ ー「ありがとうございます。最初に持ち物の確認です。（「外国人の皆さまへ」のさまざまな言語のチラシを見せて）どのチラシが良いですか(※8)」

※8： 　国籍に合わせたチラシを提示できるように、用意されている言語をひと通り準備しておきます。

お客さま「これが良いです」

テ ラ ー「はい、ベトナム語ですね。<u>こちらを見てください</u>(※9)」

※9；「こちらをご覧ください」が丁寧ですが、わかりやすく「見る」という言葉を使っています。もちろん、「こちら」というときにはチラシを差し示します。

　（チラシの絵を差しながら）<u>在留カード、３か月より長く日本に住む外国人が入管からもらうカード、名前や国籍、住所が書</u>

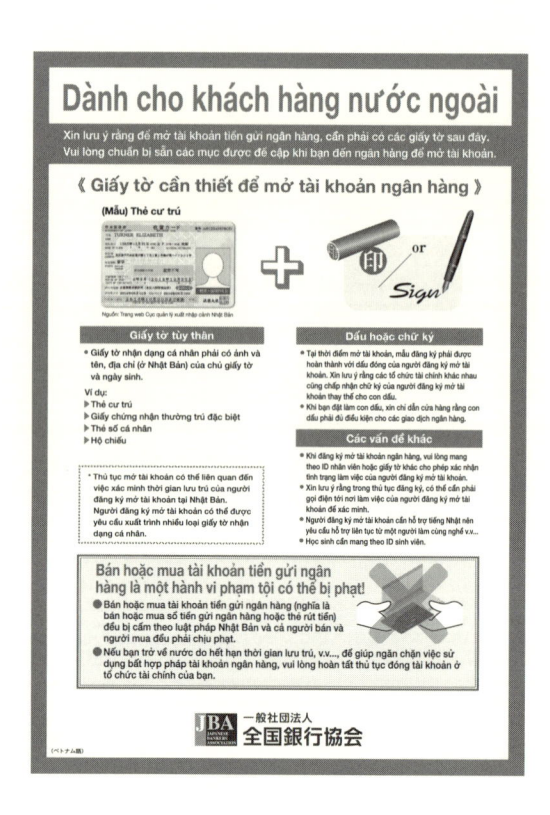

いてあるカード [※10] は、いま持っていますか [※11]」

※10：「在留カード」は、お客さまご自身が持っている書類ですのでチラシの図などを指し示せばわかる場合には、詳しい説明は不要です。出入国在留管理庁、文化庁の『別冊やさしい日本語書き換え例』では、「在留カード」を以上のようにわかりやすく説明しています。他にも、難しい言葉の言い換え例が載っているので、ぜひ参考にしてください。

※11：「本日」ではなく「いま」、「ご持参」ではなく「持っている」と話しています。

お客さま「はい、持ってきました」

テ ラ ー「はんこは持ってきましたか [※12]」

※12：「印鑑」ではなく「はんこ」、「ご持参」ではなく「持ってくる」
と言っています。チラシに絵がある場合は、差し示すとよりわか
りやすいです。

お客さま「はい」

テ ラ ー「ありがとうございます。通帳を作るために、確認することが
いくつかあります。はじめに、在留カードを<u>見せてくれます
か</u>（※13）」

※13：「拝見させていただけますか」ではなく「見せてくれますか」に
しました。

お客さま「はい（在留カードを渡す）」

テ ラ ー「ありがとうございます。コピーをとっても良いですか（※14）」

（表面）

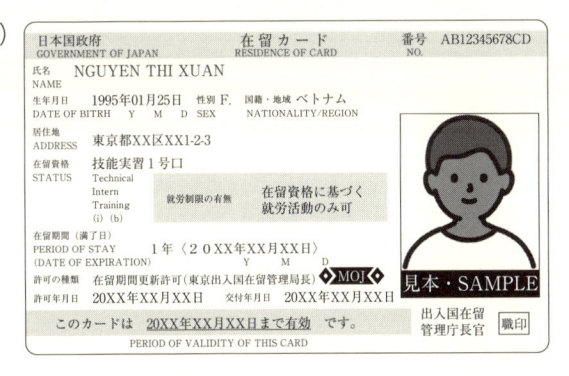

（裏面）

お客さま「はい、いいです」

テ ラ ー「ありがとうございます」

〈テラーの確認〉

　テラーはコピーを取るときに、在留カードが偽造でないか注意深く見
た後、以下の項目を確認しました。

- 取引時確認の本人特定事項である在留カードの氏名、生年月日、住
居地。在留カードの表裏を見て住所が支店の管内であること。
- 国籍は、ベトナム。在留カードの作成、交付日からの期間は短い
が、これまでにも同じ受入企業からの技能実習生の口座作成をして
おり、受入企業も取引先であること（その旨、上司に報告します）。
カードの有効期限もまだ1年以上あること。
- 在留資格が「技能実習1号ロ」（「ロ」は団体監理型）で特定活動の
有無は「在留資格に基づく就労活動のみ可」となっていること。

テ ラ ー「○○さま、<u>通帳は何に使いますか</u>[※15]」

　　　　※15： 取引時確認の「取引の目的」を聞いています。在留カードの在
　　　　　　　留資格に応じて、「この通帳でお給料を受け取りますか」などと
　　　　　　　聞いてみるのも1つの方法です。

お客さま「お給料をもらいます」

テ ラ ー「はい、お給料をもらう通帳ですね。住んでいるのは会社のア
　　　　パートですか」

お客さま「そうです。他の人も一緒で寂しくない」

テ ラ ー「それは良いですね」

- この受入企業では、家賃や水道光熱費として給与天引きをしている
ことを確認して、公共料金の自動引落しの案内はしませんでした。
- 取引時確認で確認すべき「職業」は、これまでの会話と在留カード

で「会社員」とわかります。

〈テラーの確認〉

- ここで、テラーは自行の外国人取引の口座開設時のチェックリストを確認し、今のところ問題ないと判断して、新規口座開設関係の書類へ記入していただきながら確認をしていきます。
- 各金融機関で、外国人の口座開設については、入国後経過期間や受入企業の信頼性等により一定の基準を設けたり、役席者による対応をルールとしているところがあると思いますので、確認しましょう。

テ ラ ー「この紙を見てください。<u>家族や親戚に国のえらい人はいますか</u>[※16]」

- ※16：　犯罪収益移転防止法の外国PEPsの確認です。ここでは「国のえらい人」と表現していますが、PEPsの英語 Politically Exposed Persons のほうがわかる場合もありますので、お客さまの国籍や反応を見て言い方を工夫しましょう。

お客さま「いない」

テ ラ ー「では、ここにチェックします。<u>（国籍はベトナムであり、これから日本に住むのでFATCAのアメリカ人等には該当しないし、日本に1年以上住むので実特法の居住地国は日本になる）</u>アメリカの国籍を持っていたり、米国に住むことはありませんね[※17]」

- ※17：　FATCA、実特法の居住地国の確認をします。

お客さま「アメリカ？　関係しません」

テ ラ ー「ありがとうございます。それでは、ここにチェックしてください。これから日本に住むので、ここにチェックしてください。反社会的勢力、暴力団ではないですか」

お客さま「ボウリョクダン？　違います」

テ ラ ー「ありがとうございます。それではこちらにサインをしてください」

お客さま「はい、書きました」

テ ラ ー「ありがとうございます。では、次にこちらをもう一度見てください。(「外国人の皆さまへ」のベトナム語版を出して、黄色で表示された「預金口座の売買は犯罪です！！」の部分を手で指し示しながら)^(※18) ここを読んでください。よろしいですか」

> ※18： 口座売買禁止と帰国の際の口座閉鎖について書かれた部分を提示します。

●口座開設手続き●

　ここまでで、取引に際して確認が必要な事項をすべてチェックしました。上司に口座開設の可否を確認し、ここから印鑑登録から始まる口座開設手続きに入ります。

テ ラ ー「これから、通帳を作るための書類を書いてください。1つ目は、(印鑑届を出しながら) はんこを登録する紙に記入してください。(記入箇所を示しながら記入していただく)」

お客さま「書きました」

テ ラ ー「ありがとうございます。(朱肉を用意しながら) ではこちらにハンコを押してください」

お客さま「押しました」

テ ラ ー「ありがとうございます。2つ目は、(新規口座申込書を出しながら) こちらの通帳を申し込む紙です。(記入箇所を示しながら記入していただく)」

> ※19： 氏名が長くてシステム上入力できず省略する場合や、該当する漢字がなく入力できず日本の漢字をあてる場合など、在留カード

の氏名と異なる入力になる場合には、通帳に表記される氏名については、お客さまの同意を得ます。

お客さま「書きました」

テ ラ ー「ありがとうございます。3つ目は、キャッシュカードのパスワードを書いてください。<u>電話番号や住所、お誕生日は使えません</u>(※20)」

※20： ここでは日本語で説明しています。その場合は、あらかじめご記入いただいた印鑑届の電話番号や住所、生年月日を差し示しながら説明するなど、わかりやすい説明をします。また、テレフォン・ナンバー、アドレス、バースデイなど英語の方がわかりやすいようでしたら、英語で話したり、日本語と英語の両方で表現をするなど工夫しましょう。

　　　ここまで、会話で見ると、同じような表現を繰り返していて、日本人同士の会話だと単調だったり、愛想がないように聞こえたりすると思いますが、ここでは、わかりやすいようにハッキリと、あえて繰り返しの表現をしました。

　記入済みの申込書と本人確認書類のチェックを行い、本人確認書類をお客さまに返却します。

テ ラ ー「(在留カードをカルトンに乗せて返却しながら) カードをどうもありがとうございました」

　反社のシステムチェックがOKであることを確認して、オペレーションに入ります。

テ ラ ー「これから通帳を作りますので、<u>あちらに座って○分お待ちください</u>(※21)」

※21： ここでは「座って」と言いましたが、ここまでの会話で把握したお客さまの日本語の理解レベルに合わせて「おかけになって」など敬語を使います。

システムオペレーションが終わり、通帳が作成できました。

テ ラ ー「○○さま、○○○○さま、お待たせいたしました。（カルト
　　　　　ンに通帳を乗せ差し出しながら）通帳ができました。<u>（表紙の
　　　　　全角氏名を差し示しながら）ここに名前が書いてあります。文
　　　　　字の数が決まっているので、このように短くしました</u>[※22]。よ
　　　　　ろしいですか」

　　※22：　通帳に印字した名前で今後の取引伝票を書いていただく金融機
　　　　　　関もあると思いますので、システム入力した名前を示してご理解
　　　　　　いただきます。

お客さま「わかりました」

テ ラ ー「ありがとうございます。（表紙裏のカナ氏名を差し示しなが
　　　　　ら）日本語のカタカナの名前です。（取引明細ページを差し示
　　　　　して）入金した金額です」

第 V 部

さまざまなケース

第Ⅴ部では、日本の国籍を持っているお客さまではあるけれど、判断に迷うような以下のケースをまとめてみました。

- 子どもと親の国籍が異なるケース
- 亡くなられたお客さまが外国人のケース
- 帰化した外国人が来店した
- 外国に転居する日本人のお客さま

日本人と外国人が結婚して、外国人にいわゆる連れ子がいた場合について見てみましょう。日本人と外国人との婚姻による戸籍や氏、子どもについて確認します。

(1) 外国人との婚姻による戸籍

日本人が外国人と婚姻（結婚）をした場合、外国人の戸籍は作られません。結婚した日本人が戸籍の筆頭者でない場合には、その人を筆頭者とする新しい戸籍が作られます。

その場合、配偶者である日本人の戸籍の身分事項欄に、その外国人（氏名・生年月日・国籍）と婚姻した事実が記載されます。

(2) 外国人との婚姻による氏

外国人と婚姻しても日本人の氏はこれまでのままで変わりません。

外国人の氏を名のりたい場合には、婚姻の日から6か月以内であれば、戸籍届出窓口に氏の変更の届出をするだけで、外国人配偶者の氏に変更することができます。なお、婚姻の日から6か月が過ぎている場合には、家庭裁判所の許可を得たうえで、戸籍届出窓口に氏の変更の届出をすれば、氏を変更することができます。

なお、「氏」には「姓」「名字（苗字）」という言い方もあります。それぞれの言葉の由来は異なるようですが、どれも「上の名前」の意味で、英語では「last name」「family name」「surname」などと呼ばれます。

これに対して「名前」や「名」、「下の名前」は、家族の構成員の中で個人を区別するための呼び名、生まれたときに付けられる名前のことで

す。ただし「名前」「名」は広義ではフルネーム（氏名、姓名）を含むため、注意が必要です。英語では「first name」「given name」「forename」などといいます。

　選択的夫婦別姓が国会などでもたびたび議論となっていますが、2024年7月現在、日本ではまだ法的に認められていません。しかし、日本人と外国人が結婚する、いわゆる「国際結婚」をした場合は、夫婦別姓の選択が可能であり、同一の苗字を選ぶために相手の苗字に変えたり、相手に苗字を変えてもらったりすることもできます。

　また、日本の戸籍には漢字、ひらがな、カタカナの3種類でしか記入できません。たとえば、外国人配偶者の国で使っているアルファベットやハングルなどの文字は、日本で名前を登録する際には使えません。たとえば、外国人配偶者のファミリーネームが「Smith」であっても、アルファベットでの届出はできないため、カタカナを使用して、たとえば「スミス」と日本語的な音を割り振る必要があります。また、中国や台湾の繁体字、簡体字は使用できません。

　外国人配偶者の姓について、たとえば「鈴木 花子」という日本人女性と「トム スミス」という外国人男性が結婚する場合に、鈴木 花子はそのままで、外国人男性が鈴木 トムとなる場合があります。この場合、外国人は本名が変更されたわけではなく、日本だけで使用可能な通称名[注]という扱いになります。

（注）「通称名」とは、外国人が本名は変更しないまま、日本人配偶者の姓を名乗りたいと考える場合に有効な日本の制度。通称名を使用する際は、住民票がある地域の役所に申請します。記入が必要なのは「通称記載申出書」という書類1点のみです。通称名は運転免許証や住民票、健康保険証でも使用される法的に有効な名前ですが、本名が変わったわけではないので在留カードは元の名前のままです。

図表Ⅴ-1　日本人の男性が外国人の女性と結婚した場合の戸籍謄本（例）

全部事項証明

本　　籍 氏　　名	○○県○○市○○町○番地 山田　太郎
戸籍事項 　戸籍編成	【編製日】令和○年○月○○日
戸籍に 記録されている者	【名】太郎 【生年月日】平成○○年○月○日 【配偶者区分】夫 【父】山田　一郎 【母】山田　花子 【続柄】長男
身分事項 　出　　生	【出生日】平成○○年○月○日 【出生地】○○県○○市 【届出日】平成○○年○月○日 【届出人】父
婚　　姻	【婚姻日】令和○年○月○○日 【配偶者氏名】スミス、エリザベス 【配偶者の国籍】アメリカ合衆国 【配偶者の生年月日】西暦20○○年○月○日 【婚姻の方式】アメリカ合衆国○○州の方式 【証書提出日】令和○年○月○○日 【送付を受けた日】令和○○年○月○日 【受理者】在アメリカ合衆国日本国総領事 【従前戸籍】

(3)　日本人と外国人の子どもの戸籍と氏

　外国人との間に子どもが生まれたら、日本と外国人それぞれの国に出生届を出します。両親のうち、一方が日本国籍を取得している場合は、子どもも日本国籍を取得します。

日本で出産した場合は、生まれた日を含む出生後14日以内に居住地の市区町村役場に出生届を提出します（外国で出産した場合は、出生後3か月以内に在外大使館または領事館に「国籍留保」の手続きを行うことが必要です）。出生届を提出することで、子どもが日本人の親の戸籍に編製され、日本国民として認識されます。したがって、国際結婚の場合は、日本人の親と、生まれてきた子どもだけの戸籍になります。

　姓については、親の戸籍に記載されている「氏」が子どもの姓になります。つまり、国際結婚した日本人配偶者が、日本姓のままで夫婦別姓の場合は、子どもも日本人の親と同じ日本姓になります。もし、日本人配偶者が外国姓（スミス陽子など）、もしくは複合姓（「鈴木スミス陽子」や「スミス鈴木陽子」など）に変更している場合は、子どもも外国姓もしくは複合姓になります。日本人配偶者は日本姓のままで、子どもは外国人配偶者の姓を名乗ることも可能です。その場合は、子供が単独の戸籍を作ることになります。子供が複数いるときは、人数分の単独戸籍を作らなければいけません。

(4)　継子の国籍、在留資格

1 継子の国籍

　国際結婚をしたお客さまの配偶者に継子（いわゆる連れ子）がいる場合、親が日本人と結婚したとしても子どもの国籍に影響はありません。日本の国籍法で定められている、日本国籍取得の要件にあてはまらないからです。その子どもの国籍は外国籍のままです。

　外国人が日本人と結婚し、日本人が本国にいる外国人の連れ子と養子縁組（注）をしても、それだけでは日本国籍を取得することはできません。日本国籍の取得には、帰化申請が必要になります。

　連れ子と日本人が養子縁組をすると日本国民の養子となるので、引き続き1年以上日本に住所を有し、かつ、縁組の時点で本国法により未成

年であった場合は、帰化の要件が満たされます。

（注）　養子縁組とは、もともとは他人である者同士に親子関係を結ばせる法的手続きです。普通養子縁組と特別養子縁組があり、特別養子縁組は、実の親との関係が法的に絶たれます。普通養子縁組の場合には、実親も養親も親となります。再婚で連れ子、という場合であれば普通養子縁組が組まれるのが一般的です。

　よって、法的に親子関係でも、外国籍の子どもの通帳を日本人の親が作りに来ることもあり得ますので、覚えておきましょう。

② 継子の在留資格

　外国人が日本人と結婚して日本に来る際には、配偶者の在留資格は、居住資格の「日本人の配偶者等」になりますが、この在留資格は、日本人の配偶者か日本人の子どもに与えられるものです。

　前婚の子どもの在留資格は、居住資格の「定住者」になります。要件は未成年で未婚であり、外国人配偶者に扶養する権利がなければなりません。また、未成年者であっても成人に近い年齢の場合、許可されないことがあります。

（5）　外国人が死亡した場合の取扱い

　亡くなった人が日本人であれば、日本の相続法が適用されます。外国人の配偶者や子どもなどの相続人にも日本人と同様に相続権があり、遺産分割をすることもできます。

　これに対して、亡くなった人が外国人の場合、相続の準拠法はその人の本国の法律になるため（法の適用に関する通則法 36 条）、本国法によると相続人が誰になる可能性があるのか、実際に相続人が誰になったのか、といったことについてどのような方法で確認するのか等、可能な範囲で把握しておくことが望まれます（『営業店のための 外国人との金融取引 Q&A』）。

2　帰化したという外国人が来店

(1)　帰化した外国人が口座開設のために来店

　見た感じでは、外国人だと思われるお客さまが口座開設に来店された場合、在留カードの提示を求めたら、「帰化して日本人になったので持っていない」と言われることがあります。そのようなケースがあることはわかっても、本当に日本人になっているのか、在留カードを持参していない外国人なのかの確証が持てないので、判断は困難です。

　日本人であることを証明してもらうために戸籍謄本を見せてもらえば確実なのですが、「他の日本人にも証明をさせているのか？　見た目での差別ではないか？」と言われてしまえば、そのとおりだと考えざるを得ません。しかし、お客さまの申告を鵜呑みにして、何の確認を取らぬままでは確実な事務を行っていないと言えるでしょう。

　大変難しいケースですが、日本人であることの証明を強制はできないということを理解したうえで、ご協力を要請します。

テ　ラ　ー「在留カードを見せていただけますか」

お客さま「日本に帰化したから、在留カードは持っていない^(注)」

テ　ラ　ー「帰化して、日本人になられたのですね。失礼いたしました」

お客さま「そうです」

テ　ラ　ー「かしこまりました。お手数ですが、帰化したことがわかる書類、戸籍謄本か住民票の写しをお持ちいただくことは可能でしょうか」

お客さま「わかりました」

テ　ラ　ー「ありがとうございます。ご協力をお願いいたします」

（注）外国人の帰化が許可されると、以下のような手順で在留カードを返却

したうえで、戸籍謄本や住民票の写しの交付を請求することができるようになります。

① 帰化の審査に通過して許可が下りたとき（必要書類を提出する時期から起算すると、おおむね1年前後から2年程度）

- 官報に帰化したことが掲載されます。
- 申請結果は法務局から申請者へ通知されますが、その前に許可者は官報に掲載されています。
- 帰化許可は官報告示によって効力を有するようになります。
- 不許可となった場合には掲載されません。

② 申請した法務局から帰化が許可された旨の連絡が「申請した外国人本人宛」にあります。指定された日時に法務局に出頭すると帰化者の身分証明書が交付されます。

③ 帰化者の身分証明書が交付された日から14日以内に在留カードまたは特別永住者証明書を返納しなければなりません。住居地を管轄する地方出入国在留管理局へ、法務局で交付された帰化者の身分証明書の写し、所定の書類とともに、持参か郵送で返却します。

④ 官報告示から1か月以内に、法務局から受領した「帰化者の身分証明書」を添付して「帰化届」を市区町村役場（帰化申請のときに申請書に記入した本籍地を置く市区町村役場）に提出します（15歳未満の場合は代わりに両親が届出をします）。これによって日本人として新たに戸籍が作られる（編製）／または配偶者等の戸籍に入籍されます。

⑤ これまで外国籍のあった国は、帰化申請の事実を意識していません。よって二重国籍を解消するために、帰化許可後の国籍離脱の手続きをします（手続きは国により異なる）。

⑥ 国籍が変わり日本人となるため、運転免許証変更の手続き、パスポートについても、新たに日本国の旅券の発行手続きが必要となります。

⑦ 銀行口座、クレジットカード、公共料金、各種営業許可、各種登記されている名義人、その他帰化が許可される前にしていた契約など、

帰化後に変更手続きが必要なものを行います。

官報とは、法律制定や一定の法的手続きにつき、政府から広く市民に知らせるための紙面で、ほぼ毎日発行されています。帰化許可申請に関する告知も、"○月○日に○○さんが帰化した"という内容が告示されます。

国立印刷局が運営している「インターネット版官報」というWEBサイトで閲覧でき、直近90日間の官報情報（本紙、号外、政府調達等）は、すべて無料で閲覧することができます。「全体目次」→「告示」の中に、日本国に帰化を許可する件として掲載されています。

〈官報掲載内容〉

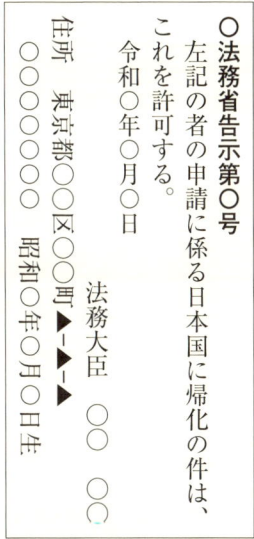

○**法務省告示第○号**
左記の者の申請に係る日本国に帰化の件は、これを許可する。
　令和○年○月○日
　　　　　　　　法務大臣　○○
　　　　　　　　　　　　　　○○

住所　東京都○○区○○町▶─▶─▶
　　　○○○○
　　　○○○○
　　　○○○○　昭和○年○月○日生

帰化前の本名、通称名は掲載されません。

(2) 口座をお持ちの外国人のお客さまが帰化した場合

在留期間の管理のため外国人のお客さまに連絡を取ったら、「帰化して、日本国籍を取っている。それでも手続きが必要か」と聞かれました。

この場合は、お客さまの国籍等の情報の変更手続きや、名義変更が必要な場合もありますので、戸籍謄本、届出印、通帳、キャッシュカードなどを持参して手続きをお願いします。

3　外国へ転居する日本人のお客さま

(1)　外国へ転居するお客さまの対応は金融機関によりさまざま

　仕事で海外に転居する場合などには、給与を「日本の口座に全額入金」「現地の口座に現地通貨で全額入金」あるいは「日本の口座と現地の口座に半分ずつ入金される」といったように、勤務先や雇用形態などによって受け取り方が異なります。

　日本の金融機関の口座を維持したいというお客さまのご希望も少なくないようです。

　しかし、金融機関としては、お客さまの海外赴任中に「キャッシュカードが盗難された」といったトラブルに遭遇したときに迅速に対応できるか、長い赴任期間のあいだに、日本の法制度や金融機関のルールが変わった場合などに、お客さまが予定していた取引を継続して提供できるかなど、時差もある中での対応の可否など難しい課題もあります。

　実際、住民票を抜いて海外に転出した「非居住者」のお客さまの口座の取扱いについては、「原則口座解約をお願いしている」「非居住者として非居住者預金を利用できるが取引が制限される」「帰国まで口座を凍結してお預かりする」など、金融機関により異なります。自金融機関のルールを確認しておきましょう。

　また、非居住者のお客さまが行う為替取引等については、外為法17条で北朝鮮関係者を受取人とする送金などの規制対象取引ではないことの確認が義務付けられているため、確認義務の確実な履行のため、非居住者のお客さまが関連する国内送金については、原則、外国送金として取扱いをしており、非居住者のお客さまが関連する、一部の国内送金の取扱場所や送金料金が外国送金と同様になる場合があります（p. 90 参

照）。

　また、受取人が非居住者である振込や、非居住者のお客さまが行う振込については、振込資金を一時保留し、振込依頼人または受取人に、振込内容を追加で確認させていただく場合があり、振込が外為法上の規制対象にあたらないことを確認できしだいの口座への入金になるので、入金が遅くなることがあり、振込内容の追加確認ができない場合は、口座への入金ができないケースもあります。

　これらのように、事前にお客さまに説明すべきことがないか、自金融機関のルールを確認しておきましょう。

(2)　FATCA や実特法（CRS）の届出

　外国への転居により居住地国が変わる場合には、通常の住所変更手続きに加えて、FATCA や実特法（CRS）の届出をしていただくことが必要です。

　これまでも述べてきたとおり。「居住地国」とは、税務上の居住者として、所得税・法人税に相当する税をお客さまが納めるべき国を指します。たとえば日本の居住者に該当する場合、居住地国は「日本国」となります。

　ただし、居住者・非居住者の判定は各国ごとに異なり、外国の居住者に該当するかどうかは国の法令によって決まります。また、日本国の居住者であると同時に外国の居住者でもあるなど、居住地国が複数にわたる場合もあります。

■ 米国⇔日本への転居

1）日本から米国への転居

　1年以上の予定で日本を離れる人は、原則として出国の翌日から日本国の非居住者となります。

　米国在住の日本国籍で米国のみに納税義務がある場合には、居住地国

は「米国」に、米国在住の日本国籍で日本国にも米国にも納税義務がある場合は、居住地国は「日本国」と「米国」になります。

　居住地国に米国が加わる場合には、実特法の居住地国変更の届出と、FATCA による IRS への報告の届出が必要になる可能性があります。自金融機関の届出書を確認しておきましょう。

お客さま「仕事の関係で米国へ引っ越すことになったので、手続きに来ました」

テ ラ ー「ありがとうございます。米国へお引越しということですね。居住地国の変更と、税金に関する届出がございます。どうぞ、こちらをご覧ください（FATCA についての説明チラシを提示しながら）。

　　　　　米国では、FATCA という税金に関する法律により、米国以外の国の金融機関に対して、お客さまが米国納税義務者であるかを確認して、該当する場合はお客さまの口座情報等を米国内国歳入庁、IRS という機関への報告を求めています。日本政府は米国政府との間で協定を締結し、日本の金融庁は、日本の全金融機関に対して、この FATCA を守るように要請しております。私ども○○銀行では、それらの要請に基づいて FATCA に関する対応を実施しておりますので、ご協力いただきますようお願いいたします」

お客さま「わかりました」

テ ラ ー「ご協力ありがとうございます。まず、こちらにありますような FATCA 上の米国人等に該当なさいますか」

お客さま「はい、会社の転勤で米国に行くのです。向こうで働き給与ももらうので、該当します」

テ ラ ー「かしこまりました。お客さまの情報を IRS へ報告させてい

ただきますが、ご同意いただけますでしょうか」

お客さま「はい、良いですよ」

テ ラ ー「ありがとうございます。それでは、こちらの書類を使ってご
案内いたします」

　この後、テラーは、実特法における居住地国変更の届出とFATCA
の届出の双方を行うため、自金融機関の書類を徴求します。

　もし、IRSへの報告を了承してくださらないなど、お客さまが手続き
に協力いただけない場合は、FATCAや日本当局からの要請により、新
たに口座開設を予定されているお客さまについては口座開設をお受けし
ないこと、今回のように、すでに口座を開設済みのお客さまについて
は、日米租税条約上の規定に基づくIRSからの要請があった場合には、
日本当局を通じてお客さまの情報をIRSに提供することになります。

　2) 米国から日本への転居

　1) とは逆に、米国での仕事を終えて日本に帰国する等、居住地国が
日本のみになる場合には、実特法の居住地国変更の届出と、FATCAに
おいては特定米国人に該当しないことの確認を本人確認書類等で行い、
自金融機関の所定の手続きを行います。

② 米国以外の外国⇔日本への転居

　日本から外国への転居でも、外国から日本へ帰国するケースでも、居
住地国が変わる場合には、実特法の居住地国変更の届出を提出していた
だきます。自金融機関の届出書を確認しておきましょう。

(3) 外国への住所変更時に外国の住所が決まっていない

　海外赴任前に現地の住所が決まってないケースは少なくありません。
外国に転勤する場合に、新住所をお聞きすると「向こうへ行ってから決
める」「会社の社宅に住むが、まだ転居していないので住所は日本のま

まで、証明する本人確認書類がない」などと言われてしまいます。

　この場合は、現地の住所が判明次第お知らせいただくように依頼する、会社の書類で新住所のわかるものがあれば提出いただくなどの対応をします。自金融機関の対応を確認しておきましょう。

2024年入管法等改正のポイント

　2024年6月14日、在留カードとマイナンバーカードを一体にした新たなカード（特定在留カード）の発行を規定した「出入国管理及び難民認定法等の一部を改正する法律」（法律第59号。一部の規定を除き公布日から2年以内に施行）と、技能実習制度を廃止し、新たな育成就労制度を創設する「出入国管理及び難民認定法及び外国人の技能実習の適正な実施及び技能実習生の保護に関する法律の一部を改正する法律」（法律第60号。一部の規定を除き公布日から3年以内に施行）が参議院本会議で可決、成立し、同年6月21日に公布されました。

　いずれも実際に施行されるまではまだ間がありますが、私たちの実務に影響がある法改正ですので、そのポイントを解説しておきます。

1　在留カードとマイナンバーカードの一体化（2026年施行予定）

　中長期在留者は、在留カードとマイナンバーカードを一体にした、新たな「特定在留カード」の交付を申請することができます。特定在留カードを持っていれば、複数のカードを持たなくても双方の機能が使えるようになり、役所の事務負担も軽減することが期待されています。

　特定在留カードの交付を希望する場合は、住所地の市町村長を経由して、出入国在留管理庁長官に対して申請をします。交付された特定在留カードは、住所地の市町村の事務所に出頭し、所持している在留カード

を返納したうえで受領します。

　このほか、次のような改正が予定されています。

　①　在留カードの記載事項のうち、「在留期間」「許可の種類・許可年月日」「在留カードの交付年月日」が削除され、その代わりに電磁的方式によって記録されることとなりました。

　②　永住者または高度専門職の在留資格で在留する人の在留カードの有効期間が「交付日後の 10 回目の誕生日」（変更前は「交付日から 7 年間」）までとされました。

　③　永住者で在留カードの交付日に 18 歳未満（変更前は「16 歳未満」）の人の在留カードの有効期間が「交付日後の 5 回目の誕生日」（変更前は「16 歳の誕生日の前日」）までとされました。

　④　特定在留カードの有効期間についても、②③と同様とされました。

　なお、特別永住者証明書も、在留カード同様、申請すればマイナンバーカードを一体にした「特定特別永住者証明書」が交付されます。

入管法改正の概要（マイナンバーカードと在留カードの一体化）

1.　マイナンバーカードと在留カードを一体化（任意）
　・外国人の利便性を向上させることにより、共生社会の実現を目指す。
　・義務ではなく、一体化しないことも可能。
2.　一体化したカード（特定在留カード）の交付申請・交付手続
　・地方入管における在留手続（在留期間更新など）または市町村窓口における住居地届出と同時にワンストップで特定在留カードの申請をし、交付を受けることを可能に。
　　※特別永住者が特別永住者証明書とマイナンバーカードを一体化した場合は、手続場所は引き続き市町村の窓口
3.　券面・有効期間
　・在留カードの記載事項のうち、即時視認の必要が高い項目を券面に記載。

- ・永住者の在留カードの有効期間をマイナンバーカードなどと同様に変更。
4. 電磁的記録の取扱いに関する規定を整備

特定在留カード（券面イメージ）

（出所）出入国在留管理庁「最近の入管法改正」

2 育成就労制度の創設（2027 年施行予定）

　今回の改正により、「外国人の技能実習の適正な実施及び技能実習生の保護に関する法律」（技能実習法）の法律名が、「外国人の育成就労の適正な実施及び育成就労外国人の保護に関する法律」（育成就労法）と改められました。

1 目的と在留期間

　技能実習は、途上国への技術移転を目的としていましたが、安価な労働力の確保に利用されてきた側面があります。帰国を前提とする最長5年の在留期間の中で、原則3年は転籍（職場の変更）ができず、来日時に多額の借金を負った実習生が失踪するといったケースが少なくありませんでした。

　これに対して育成就労は、「人材の育成・確保」を目的に掲げ、在留期間は原則3年で、技術水準がより高く、最長5年間在留できる「特定

技能1号」と就労対象分野を揃え、移行を促します。さらに一定の要件を満たして「特定技能2号」に移行すれば、在留期間の更新に上限がなくなり、永住者への変更も可能となります。

　そのためには、日本語や従事する業務分野のスキルを身につけることがこれまで以上に求められます。技能実習制度では不要だった初級レベルの日本語の試験合格や講習受講が必要で、「特定技能」も段階に応じて日本語の試験や業務に関する資格試験に合格する必要があります。

2 転　籍

　働き始めて1～2年後には、同じ分野であれば転籍が認められます。送り出し国側と企業との間で受入れを調整する民間の「監理団体」は、「監理支援機関」に名称が変更され、外部監査人の設置が義務づけられます。

図表 付-1　技能実習と育成就労の比較

	技能実習 ➡	育成就労
目　的	国際貢献	人材育成・確保
在留期間	最長5年	3年で「特定技能」水準習得 特定技能2号になれば事実上、永住可能
資格の要件化	不　要	初級レベルの日本語試験合格・講習受講 特定技能も段階的に必要
転籍（職場の変更）	原則認められず	同じ分野であれば本人の希望で可能 元の職場で1～2年の労働が条件
監理者	「監理団体」受け入れ先企業と一体化の指摘も	「監理支援機関」に名称変更 外部から「監査人」設置

1 外国人顧客対応にかかる留意事項

（令和3年6月　金融庁監督局）

1. 金融機関本部における取組

（取組方針等の策定）

■　本部は、取引顧客層や地域特性を踏まえて、外国人顧客対応にかかる取組方針（具体的には、多言語対応の取組に関する事項、重点的に外国人対応を行う営業店の選定等が考えられる。）を策定しているか。

　　また、取組方針に基づき、関係規程・事務マニュアル等を整備し、営業店に周知徹底しているか。

（利便性向上に向けた取組）

■　本部は、営業店等に寄せられた外国人に関する苦情・意見等を取りまとめ、継続的に改善に向けた対応策を検討・実施するなど、外国人顧客の利便性向上に向けて PDCA を回しているか。

　　また、たとえば、「営業店が本部策定の対応方針に沿った顧客対応を行っている場合には、外国人から繰り返し同様の苦情が寄せられている場合であっても、見直しに向けた検討を行わない」といった硬直的な対応がとられていないか。

　　なお、外国人受入企業や留学生の多い大学等と連携の上、定期的に外国人からの苦情・意見等をヒアリングし、顧客サービスの改善等に活用していくことが考えられる。

■　本部は、顧客対応品質の向上に向けて、ビジネスマナーの重要性等を踏まえた顧客対応時の留意点を取りまとめ、営業店に対し、定期的に周知徹底（研修の実施等を含む。）しているか。

■　多言語対応している金融機関のウェブサイトや ATM については、多言語対応ページ・画面への誘導・切替えが分かりやすく表示されているか。

2.　営業店における取組

（多言語対応）

■　口座開設等手続の際、外国人顧客に対し、必要な本人確認書類や手続内容を分かりやすく説明するための取組（多言語による顧客説明資料の作成・活用、コミュニケーションボードや翻訳機の設置等）を行っているか。

（顧客対応における留意点）

■　窓口で口座開設等の手続を行う際、外国人顧客に対し、手続円滑化の観点から、事前記入による申込書等の提出を認めているか（自署欄を除く。）。

■　外国人顧客が日本語で会話できない場合や日本語を書くことができない場合は一律に受付不可、といった対応を行っていないか。

■　各種手続において、住所等については日本語での記載を必須とせず、ローマ字による記載を認めているか。

■　非居住者預金の取扱いを行う金融機関においては、口座開設手続の際、非居住者である外国人顧客（大使・領事など、外国為替及び外国貿易法上、本邦入国後の期間にかかわらず、非居住者と判定される者を除く。）については、本邦事務所への勤務又は本邦入国後6か月を経過すれば、居住者口座への切替えが可能である旨を説明しているか。

　　なお、居住者口座への切替え手続については、顧客利便性を勘案し、なりすましに留意した上で電話等による申し出を受け付けるなど、非対面手続の採用を検討することが考えられる。

■　重点的に外国人顧客対応を行う営業店を選定している場合、その他の営業店へ外国人が来店した場合の対応方針（他の営業店等へ案内すること等を含む。）を明確化しているか。

（外国人受入れ企業や大学等との連携）

■　外国人顧客の多い営業店においては、口座開設手続の円滑化に向けて、外国人受入れ団体や大学等と連携した取組（たとえば、留学生の入学時期に営業店担当者が大学と連携し、留学生向けに口座開設にかかる説明会を実施し、開設手続をまとめて行うことや、窓口における待ち時間縮減のた

め、外国人受入れ企業と連携し、予約制による顧客対応を行うこと等が考えられる。）を行っているか。

3. マネー・ローンダリング及びテロ資金供与対策にかかる取組

（口座開設時の顧客説明）

■ 口座開設手続の際、外国人顧客に対し、マネー・ローンダリング及びテロ資金供与対策の観点から、口座売買が禁止されていることや帰国時の口座閉鎖手続等を分かりやすく説明しているか。

なお、多言語による顧客説明資料を作成・活用することが考えられる。

■ 在留期間を確認する際、外国人顧客に対し、その趣旨や必要性を丁寧に説明しているか。

（顧客との取引全般）

■ 取引の謝絶を含めたリスク遮断を行う場合には、マネー・ローンダリング及びテロ資金供与対策の名目で、合理的な理由なく謝絶等の措置を実施することのないよう、営業店に周知徹底しているか。

（高リスク取引等）

■ いわゆる外国 PEPs との取引については、犯罪収益移転防止法では高リスク取引に該当するが、外国 PEPs であることのみを理由として謝絶していないか。

また、本部は、これらの者との取引にかかる留意事項（注）を策定し、営業店に周知徹底しているか。なお、大使館等の近隣に所在する営業店には個別に周知徹底を図るなど、更なる対応が必要である。

（注）①法令上、口座開設手続では、原則として複数の本人確認書類が必要であることについての事前周知、②「外交官等に対する住居証明書」（外務省発行）を含めて、どのような証明書類を受理可能とするか等の明確化、③外国人顧客に対する丁寧な説明方法。

（外国送金）

■ 外国送金に際しては、マネー・ローンダリング及びテロ資金供与対策の観点のほか、その他関係法令等遵守の観点から、資金使途や送金先情報等

に関する追加の資料提出や申告を求めることが必要となる旨を、外国人顧客に対し、分かりやすく説明しているか。

以　上

2 外国人顧客対応にかかる取組事例

（令和 3 年 6 月　金融庁監督局）

1. 口座開設の円滑化にかかる取組

来店前に予め、口座開設申込書を作成可能なシステムを提供している事例

○　銀行ウェブサイト上で、口座開設に必要な申込書を作成可能なシステムを 16 言語で提供している。具体的には、①入力フォームに、申込に際しての必要事項（氏名、住所、生年月日、職業等）を入力し印刷、②印刷した申込書を銀行へ持参または郵送することで、口座開設が可能となっている。	主要行等

多言語に対応し、かつ非対面の口座開設手続が可能となっている事例

○　英語版の口座開設アプリを提供し、口座開設をスマホで完結できるようにしている（来店・郵送不要）。なお、FATCA（外国口座税務コンプライアンス法）等の申告については、別途、郵送による手続が必要となる。	主要行等
○　銀行ウェブサイトにて、16 言語で口座開設に必要な申込書の作成・印刷を可能とした上で、印刷した申込書をメールオーダー形式（郵送）にて受け付けている。必要書類の不備等がなければ、2 週間程度で口座開設が可能となっている。	主要行等

口座開設申込書の記入例等を多言語で提供している事例

○　口座開設申込書の記入例、口座開設時の必要書類及び注意点等にかかる説明資料を 16 言語で作成し、銀行ウェブサイトに掲載するとともに、窓口で交付している。	主要行等
○　顧客が、銀行作成のチラシに印字された QR コードをスマートフォン等で読み込むことにより、5 言語で口座開設申込書の記入例等を確認できるサービス（多言語化 WEB サービス）を提供している。	主要行等

外国人受入企業や大学等と連携し、口座開設の円滑化に取り組んでいる事例

○　技能実習生等の外国人が多い企業と連携し、銀行員が当該企業を訪問し、口座開設にかかる説明会を実施した上、実習生等の口座開設をまとめて行っている。	主要行等 地域銀行
○　銀行員が留学生の多い大学や語学学校を入学時期に合わせて訪問し、口座開設にかかる説明会を実施した上、留学生の口座開設をまとめて行っている。	主要行等 地域銀行

○　留学生が多い大学や語学学校に対して、事前に口座開設に必要な書類等を案内し、来店前の事前記入を勧めるなど、円滑かつ迅速な口座開設に向けた対応を行っている。	地域銀行
○　技能実習生については、口座開設時のみならず、帰国時の海外送金や口座解約手続に際しても、受入企業の方に帯同してもらうなど、受入企業と連携した対応を行っている。	地域銀行
○　就労場所や居住地が銀行の営業店から遠く、来店できない外国人のため、外国人材派遣会社等と連携し、外国人居住者の多い地域を移動店舗方式にて巡回するなど、外国人のニーズに沿った取組を行っている。	外国銀行

外国人の事情等に応じた手続を行っている事例

○　日本語の理解が十分でなく、日本語によるコミュニケーションが難しい外国人への特例対応として、写真付き本人確認資料等で本人であることを確認した上、口座開設申込書の一部記載事項について、受入企業担当者や付添人による代理記入を許容している。	地域銀行
○　来日後、間もない外国人は、受入企業の寮で共同生活を行い、受入企業が貸与した携帯電話等を共有で使用しているケースがあることを踏まえ、当該電話番号の登録により口座開設申込を受け付けるなど、柔軟な対応を行っている。	主要行等
○　出入国在留管理庁が提供する「在留カード等読取りアプリ」を各営業店に導入し、当該アプリにて在留カード等の真贋検証を実施し、口座開設時のパスポートの提示を不要としている。なお、勤務実態や就学実態については別途確認を行っている。	地域銀行

銀行ウェブサイトにおいて口座開設申込を事前受付している事例

○　銀行ウェブサイト上で、試行的に外国人専用の口座開設事前受付サービスを2言語で提供している。具体的には、①顧客は、氏名・住所・来店希望日等を入力し送信、②本部事務センターは、来店希望の営業店に対し、顧客情報が印字された口座開設申込書等を送信、③営業店は、予め来店希望日を確認の上、顧客来店時には本人確認等を行い、口座開設を実施する。現在は試行段階であるが、今後、対象顧客を拡大することを含め、更なる口座開設の迅速化・円滑化に向けて、前向きな検討を継続している。	地域銀行

2.　口座開設以外の利便性向上に向けた取組

外為法上の非居住者から居住者への変更手続を柔軟に行っている事例

○　外国為替及び外国貿易法上の非居住者である顧客から、（本邦入国後6か月経過したこと等を理由として）居住者へ変更となった旨の申し出があった場合、顧客より届出書の提出を求め、居住国の変更を行うこととなるが、本手続については窓口（対面）対応を必須とせず、郵送や電話による変更も受け付けている。	主要行等

来店前に、海外送金に係る書類を銀行ウェブサイト上で作成可能としている事例	
○　窓口における各手続の円滑化に向けて、銀行ウェブサイトにおいて、海外送金に係る必要書類の入力フォームを英語対応により作成、掲載し、必要書類の事前作成を可能としている。	主要行等

在留期間の更新時に在留カードの写しを不要としている事例	
○　在留期間の更新を確認する際、出入国在留管理庁が提供する「在留カード等読取りアプリ」を活用して、在留カードの真贋検証を実施することにより、顧客から同カードの写しを求めないこととしている。	地域銀行

顧客対応窓口について、多言語対応している事例	
○　10数言語に対応したコールセンターを設置し、銀行サービスにかかる各種照会や相談対応を行っている。	主要行等地域銀行
○　英語対応の問い合わせ窓口（電子メール、有人チャット）を設置している。	主要行等
○　ATM備え付けの電話からの問合せに対して、7言語で対応している。	主要行等
○　外国人向けの問合せ窓口として、3言語で対応可能な専用電話対応デスクや専用メールアドレスを設置、案内している。	地域銀行

10以上の言語対応のATMを設置している事例	
○　海外発行カードによる取引について、10数言語での対応が可能なATMを設置しており、短期滞在の外国人（旅行者等）も含めた利便性向上を図っている。	主要行等

顧客対応に多言語翻訳サービス等を活用している事例	
○　来店した外国人と円滑にコミュニケーションを図るため、営業店において翻訳アプリ等を導入し、外国人顧客対応のサポートツールとして活用している。	主要行等地域銀行
○　営業店に翻訳機を配備しているほか、通訳オペレーターがテレビ電話形式にて通訳するサービスを導入するなど、多様な手段で多言語対応を行っている。	協同組織金融機関

銀行ウェブサイトにおいて、多言語でサービス案内している事例	
○　銀行ウェブサイト上に、9言語で海外送金サービスの利用方法を掲載するとともに、海外送金申込書の記入例も掲載している。	主要行等
○　銀行ウェブサイト上に、外国人顧客向け専用ページを作成し、3言語で銀行サービス等について情報提供している。	地域銀行

顧客向けパンフレット等を多言語で提供している事例	

○　銀行サービスにかかる各パンフレット等を多言語で作成しているほか、郵便局の「不在連絡票の見方」について多言語で提供している。	主要行等

インターネットバンキングや ATM 検索アプリを多言語で提供している事例

○　一部のインターネットバンキングサービス（住所変更手続、キャッシュカードの暗証番号変更手続等）について、5 言語で案内している。	主要行等
○　ATM 検索アプリを 4 言語で提供している。	主要行等

3.　外国人向けの周知活動にかかる取組

SNS 等を活用し、情報発信を行っている事例

○　外国人との共生に関する協定を 13 自治体と締結し、自治体から居住する外国人に向けた周知情報等（防災情報、医療情報、その他の生活情報等）を 9 言語に翻訳し、海外送金アプリを活用した情報発信（アプリへの情報掲載、PUSH 通知機能を使用した情報発信）を行っている。	主要行等
○　海外送金をはじめとする各種銀行サービスにかかる情報を、広く外国人に提供していくため、3 言語に対応した Facebook アカウントを開設している。また、当該アカウントでは、寄せられたコメントへの返信も行うなど、外国人からの問合せチャネルの一つとしても活用している。	主要行等
○　商工会議所や大使館と連携した取組のほか、英語によるオンラインメディアや Facebook など多様なチャネルを活用して、口座開設やデビットカードによる決済の利便性等について周知している。また、銀行の英語版ウェブサイトでは、ブログにより外国人に向けての情報発信を行っている。	主要行等

受入企業や大学に対し周知活動を行っている事例

○　外国人の受入企業や学校に、金融庁作成パンフレット（「外国人の預貯金口座・送金利用について」、「日本でくらすための銀行口座や送金の使いかた」）を持参した上で、外国人への周知及び円滑な銀行取引に向けた協力要請を行っている。（なお、本取組は 2019 年度から開始し、これまで約 400 先の受入企業や学校に対して要請しており、2020 年度は、オンラインによる活動も実施している。）	地域銀行
○　外国人の金融サービスの利便性向上のためには、受入企業と連携することが有効であるとして、全銀協作成の 14 語対応の外国人向けチラシ等を活用しつつ、口座開設時の必要書類や手続案内等についての周知活動を行っている。	地域銀行

地元大学や他の機関と連携し、周知活動を行っている事例

○　地元大学の留学生と連携し、口座開設時の留意事項を記載したチラシを6言語で作成している。また、当該チラシを他の金融機関も自由に活用できるよう、県警へ当該チラシのデータを無償提供している。	地域銀行
○　地域における複数の金融機関と連携し、金融犯罪防止にかかる多言語対応のチラシを共同で作成している。	協同組織金融機関

4.　他の企業との連携にかかる取組

海外送金サービスを提供する資金移動業者と提携している事例

○　外国人労働者の郷里送金などのニーズに対応すべく、金融機関が自ら、提携先のマネロン・テロ資金供与リスク管理態勢を事前に把握し、提携スキーム等も踏まえて適切にリスク評価を行い、リスクに応じて必要なマネロン・テロ資金供与対策を講じた上、国際送金サービスを手掛ける資金移動業者と業務提携し、外国人への案内を行っている。	協同組織金融機関

外国人の人材派遣等を行う企業と提携している事例

○　外国人の人材派遣等を行う企業と提携し、外国人向けセミナーの開催等により、銀行口座利用に係る一般知識や口座開設手続にかかるFAQ等について周知活動を行っている。	主要行等
○　外国人の生活支援等の新サービス検討の一環として、外国人材の仲介を行う企業と連携して、外国人や受入企業が抱える課題やニーズ等にかかる調査を実施している。	地域銀行
○　外国人専門の生活総合支援サービスを提供している企業と連携し、外国人の就労支援のために組合の会員企業との人材マッチングを行うなど、外国人との金融取引の深化に向けて、地域の外国人コミュニティとの関係性構築に取り組んでいる。	協同組織金融機関

海外の現地銀行と協定を締結し、外国人のニーズの把握に努めている事例

○　営業エリアに多く居住する特定の国の外国人の潜在的な金融サービスにかかるニーズを把握し、利便性向上を図るため、当該国の現地銀行と覚書を締結し、定期的に意見交換を実施している。	協同組織金融機関

5.　金融機関における外国人顧客対応の態勢整備にかかる取組

支店で独自のPTを設置し、外国人顧客対応力の向上を図っている事例

○　外国人顧客が多い営業店において、営業店独自のPTを設置し、定期的に窓口対応の各課題等について解決方法を検討している。課題解決方法の一つとして、顧客説明資料の多言語化を行い、当該資料を銀行本部経由で他の営業店に展開している。	主要行等

外国人から寄せられた意見等をサービス向上に活用している事例

○　外国人ニーズに対応したサービスの拡充に向けて、コールセンターに寄せられた外国人からの意見等を活用し、銀行アプリの開発に取り組んでいる。	主要行等

外国人向け手続の迅速化に向けて体制を整備している事例

○　外国人の口座開設の迅速化に向けて、申込受付後の一連の事務手続を本部にて一括処理するフローを構築している。	地域銀行
○　営業店における窓口対応について、外国人の口座開設申込を受付ける窓口と、その他の受付窓口を分けることにより、外国人への丁寧な説明、顧客対応を行うための窓口を整備している。	地域銀行
○　外国人からの口座開設申込が集中する時期には、受入企業や大学に訪問の上、口座開設申込を受けるとともに、申込受付後は本部事務センターで集中処理する体制を整備している。	主要行等

外部機関を活用し、外国人対応力の向上に取り組んでいる事例

○　営業店において、外部機関を活用してモニター調査を実施し、外国人の口座開設時における銀行員の対応力向上に取り組んでいる。具体的には、外国人留学生の口座開設に関する相談を受け付けるシナリオを設定し、外国人対応における留意事項の確認・検証等を実施している。	主要行等

3　外国送金取引規定

1.（適用範囲）

　外国送金依頼書による次の各号に定める外国送金取引については、この規定により取扱います。

① 　外国向送金取引

② 　国内にある当行の本支店または他の金融機関にある受取人の預金口座への外貨建送金取引

③ 　外国為替法規上の（非）居住者と非居住者との間における国内にある当行の本支店または他の金融機関にある受取人の預金口座への円貨建送金取引

④ 　その他前各号に準ずる取引

2.（定義）

　この規定における用語の定義は、次のとおりとします。

① 　外国向送金取引

　　送金依頼人の委託にもとづき、当行が行う次のことをいう。

　　a．送金依頼人の指定する外国にある当行の支店または他の金融機関にある受取人の預金口座に一定額を入金することを委託するための支払指図を、関係銀行に対して発信すること

　　b．外国にある受取人に対して一定額の支払いを行うことを委託するための支払指図を、関係銀行に対して発信すること

② 　支払指図

　　送金依頼人の委託にもとづき、当行が、一定額を受取人の処分可能にすることを委託するために関係銀行に対して発信する指示をいう。

③ 　支払銀行

　　受取人の預金口座への送金資金の入金または受取人に対する送金資金の支払いを行う金融機関をいう。

④ 　関係銀行

　　支払銀行および送金のために以下のことを行う当行の本支店または他

の金融機関をいう。

    ａ．支払指図の仲介

    ｂ．銀行間における送金資金の決済

3.（送金の依頼）

(1) 送金の依頼は、次により取扱います。

  ① 送金の依頼は、窓口営業時間内に受付けます。

  ② 送金の依頼にあたっては、当行所定の外国送金依頼書を使用し、送金の種類、支払方法、支払銀行名・店舗名、受取人名、受取人口座番号または受取人の住所・電話番号、送金金額、依頼人名、依頼人の住所・電話番号、関係銀行手数料の負担者区分など当行所定の事項を正確に記入し、署名または記名押印のうえ、提出してください。

  ③ 当行は前号により外国送金依頼書に記載された事項を依頼内容とします。

(2) 送金の依頼を受付けるにあたっては、外国為替関連法規上所定の確認が必要ですので、次の手続きをしてください。

  ① 外国送金依頼書に、送金原因その他所定の事項を記入してください。

  ② 所定の公的書類により本人確認済みの送金依頼人の預金口座から送金資金を振替える場合等を除き、当行所定の告知書に必要とされる事項を記入し提出してください。

  ③ 所定の公的書類により本人確認済みの送金依頼人の預金口座から送金資金を振替える場合等を除き、住民票の写し等所定の本人確認書類を提出してください。

  ④ 許可等が必要とされる取引の場合には、その許可等を証明する書面を提示または提出してください。

(3) 送金の依頼を受け付けるにあたり、当行は、日本および海外各国の法令・制度・勧告・習慣等に照らし、お取引の背景・商流、送金の目的、送金の内容、受取人との関係、受取人の生年月日、国籍、送金原資等、必要な事項を確認することがあります。

(4) 送金の依頼にあたっては、送金依頼人は当行に、送金資金の他に、当行

所定の送金手数料・関係銀行手数料その他この取引に関連して必要となる手数料・諸費用（以下「送金資金等」といいます。）を支払ってください。なお、小切手その他の証券類による送金資金等の受入れはしません。

4.（送金委託契約の成立と解除等）

(1) 送金委託契約は、当行が送金の依頼を承諾し、送金資金等を受領した時に成立するものとします。

(2) 前項により送金委託契約が成立したときは、当行はその契約内容に関して、外国向送金計算書等を交付します。なお、この外国向送金計算書等は、解除や組戻しの場合など、後日提出していただくことがありますので、大切に保管してください。

(3) 第1項により送金委託契約が成立した後においても、当行が関係銀行に対して支払指図を発信する前に次の各号の事由の一にでも該当すると認めたときは、当行から送金委託契約の解除ができるものとします。この場合、解除によって生じた損害については当行は責任を負いません。

① 取引等の非常停止に該当するなど送金が外国為替関連法規や各国の経済制裁関連の法規に違反するときまたはそのおそれがあるとき

② 戦争、内乱、もしくは関係銀行の資産凍結、支払停止などが発生し、またはそのおそれがあるとき

③ 送金が犯罪にかかわるものであるなど相当の事由があるとき

(4) 前項による解除の場合には、送金依頼人から受取った送金資金等を返却しますので、当行所定の受取書等に、外国送金依頼書に使用した署名または印章により署名または記名押印のうえ、第2項に規定する外国向送金計算書等とともに提出してください。 この場合、当行所定の本人確認資料または保証人を求めることがあります。

(5) 前項に関わらず、当行は第3項による解除の場合に、送金依頼人から受取った送金資金等を引落し口座に返却できるものとします。

(6) 受取書等に使用された署名または印影を、外国送金依頼書に使用された署名または印影と相当の注意をもって照合し、相違ないものと認めたうえ、送金資金等を返却したときは、これによって生じた損害については、

当行は責任を負いません。

(7)　送金の依頼について、当行の責めに帰さない事由により送金委託契約が成立しなかった場合、送金依頼人は、当行の為替差損相当額について、当行所定の計算による外国為替取消料を支払うものとします。

5.（支払指図の発信等）

(1)　当行は、送金委託契約が成立したときは、前条第3項により解除した場合を除き、送金の依頼内容にもとづいて、遅滞なく関係銀行に対して支払指図を発信します。

(2)　当行は送金実行のために、日本および海外の関係各国の法令・制度・勧告・習慣等に照らし、次の各号の情報の全部または一部を支払指図に記載して関係銀行に伝達します。また、関係銀行からの求め（送金事務の終了後の求めを含みます）に応じて情報を伝達する場合があります。

　　なお、それらの情報は、関係銀行によってさらに送金受取人に伝達されることがあります。

①　外国送金依頼書に記載された情報

②　送金依頼人の口座番号・住所、取引番号、届出氏名、生年月日、その他送金依頼人を特定する情報

③　第3条第3項の情報

(3)　支払指図の伝送手段は、当行が適当と認めるものを利用します。また、関係銀行についても、送金依頼人が特に指定した場合を除き、同様とします。

(4)　次の各号のいずれかに該当するときには、当行は、送金依頼人が指定した関係銀行を利用せず、当行が適当と認める関係銀行によることができるものとします。この場合、当行は送金依頼人に対してすみやかに通知します。

①　当行が送金依頼人の指定に従うことが不可能と認めたとき

②　送金依頼人の指定に従うことによって、送金依頼人に過大な費用負担または送金に遅延が生じる場合などで、他に適当な関係銀行があると当行が認めたとき

（5）前3項の取扱いによって生じた損害については、当行は責任を負いません。

6.（手数料・諸費用）

（1）送金の受付にあたっては、当行所定の送金手数料・関係銀行手数料その他この取引に関連して必要となる手数料・諸費用をいただきます。なお、このほかに、関係銀行に係る手数料・諸費用を後日いただくこともあります。

（2）照会、変更、組戻しの受付にあたっては、次の各号に定める当行および関係銀行の所定の手数料・諸費用をいただきます。この場合、前項に規定する手数料等は返却しません。なお、このほかに、関係銀行に係る手数料・諸費用を後日いただくこともあります。

①　照会手数料

②　変更手数料

③　組戻手数料

④　電信料、郵便料

⑤　その他照会、変更、組戻しに関して生じた手数料・諸費用

7.（為替相場）

（1）送金の受付にあたり、送金資金を送金通貨と異なる通貨により受領する場合に適用する為替相場は、先物外国為替取引契約が締結されている場合を除き、当行の計算実行時における所定の為替相場とします。

（2）第4条第4項ないし第5項、第9条第3項、第11条第1項第3号の規定による送金資金等または返戻金の返却にあたり、当行が送金依頼人にそれらの資金を送金通貨と異なる通貨により返却する場合に適用する為替相場は、先物外国為替取引契約が締結されている場合を除き、当行の計算実行時における所定の為替相場とします。

8.（受取人に対する支払通貨）

送金依頼人が次の各号に定める通貨を送金通貨として送金を依頼した場合には、受取人に対する支払通貨は送金依頼人が指定した通貨と異なる通貨となることもあります。この場合の支払通貨、為替相場および手数料等につい

ては、関係各国の法令、慣習および関係銀行所定の手続きに従うこととします。

① 　支払銀行の所在国の通貨と異なる通貨

② 　受取人の預金口座の通貨と異なる通貨

9.（取引内容の照会等）

(1)　送金依頼人は、送金依頼後に受取人に送金資金が支払われていない場合など、送金取引について疑義のあるときは、すみやかに取扱店に照会してください。この場合には、当行は、関係銀行に照会するなどの調査をし、その結果を送金依頼人に報告します。

　　なお、照会等の受付にあたっては、当行所定の依頼書の提出を求めることもあります。

(2)　当行が発信した支払指図について、関係銀行から照会があった場合には、送金の依頼内容について送金依頼人に照会することがあります。この場合には、すみやかに回答してください。当行からの照会に対して、相当の期間内に回答がなかった場合または不適切な回答があった場合には、これによって生じた損害については、当行は責任を負いません。

(3)　当行が発信した支払指図について、関係銀行による支払指図の拒絶等により送金ができないことが判明した場合には、当行は送金依頼人にすみやかに通知します。

　　この場合、当行が関係銀行から送金に係る返戻金を受領したときには、直ちに返却しますので、第11条に規定する組戻しの手続きに準じて、当行所定の手続きをしてください。

10.（依頼内容の変更）

(1)　送金委託契約の成立後にその依頼内容を変更する場合には、取扱店の窓口において、次の変更の手続きにより取扱います。ただし、送金全額を変更する場合には、次条に規定する組戻しの手続きにより取扱います。

① 　変更の依頼にあたっては、当行所定の内容変更依頼書に、外国送金依頼書に使用した署名または印章により署名または記名押印のうえ、第4条第2項に規定する外国向送金計算書等とともに提出してください。こ

の場合、当行所定の本人確認資料または保証人を求めることがあります。

② 当行が変更依頼を受けたときは、当行が適当と認める関係銀行および伝送手段により、内容変更依頼書の内容に従って、変更の指図を発信するなど、遅滞なく変更に必要な手続きをとります。

(2) 前項の依頼内容の変更にあたっての内容変更依頼書の取扱いについては、第4条第6項の規定を準用します。また、前項第2号の取扱いによって生じた損害については、当行は責任を負いません。

(3) 本条に規定する変更は、関係銀行による変更の拒絶、法令による制限、政府または裁判所等の公的機関の措置等により、その取扱いができない場合があります。変更ができず組戻しを行う場合には、次条に規定する組戻しの手続きをしてください。

11.（組戻し）

(1) 送金委託契約の成立後にその依頼をとりやめる場合には、取扱店の窓口において、次の組戻しの手続きにより取扱います。

① 組戻しの依頼にあたっては、当行所定の組戻依頼書に、外国送金依頼書に使用した署名または印章により署名または記名押印のうえ、第4条第2項に規定する外国向送金計算書等とともに提出してください。この場合、当行所定の本人確認資料または保証人を求めることがあります。

② 当行が組戻しの依頼を受けたときは、当行が適当と認める関係銀行および伝送手段により、組戻依頼書の内容に従って、組戻しの指図を発信するなど、遅滞なく組戻しに必要な手続きをとります。

③ 組戻しを承諾した関係銀行から当行が送金に係る返戻金を受領した場合には、その返戻金を直ちに返却しますので、当行所定の受取書等に、外国送金依頼書に使用した署名または印章により署名または記名押印のうえ、提出してください。この場合、当行所定の本人確認資料または保証人を求めることがあります。

(2) 前項の組戻しの依頼にあたっての組戻依頼書の取扱いおよび返戻金の返却にあたっての受取書等の取扱いについては、第4条第6項の規定を準用します。また、前項第2号の取扱いによって生じた損害については、当行

は責任を負いません。

(3) 本条に規定する組戻しは、関係銀行による組戻しの拒絶、法令による制限、政府または裁判所等の公的機関の措置等により、その取扱いができない場合があります。

12.（通知・照会の連絡先）

(1) 当行がこの取引について送金依頼人に通知・照会をする場合には、外国送金依頼書に記載された住所・電話番号を連絡先とします。

(2) 前項において、連絡先の記載の不備または電話の不通等によって通知・照会をすることができなくても、これによって生じた損害については、当行は責任を負いません。

13.（災害等による免責）

次の各号に定める損害については、当行は責任を負いません。

① 災害・事変・戦争、輸送途中の事故、法令による制限、政府または裁判所等の公的機関の措置等のやむをえない事由により生じた損害

② 当行が相当の安全対策を講じたにもかかわらず発生した、端末機、通信回線、コンピュータ等の障害、またはそれによる電信の字くずれ、誤謬、脱漏等により生じた損害

③ 関係銀行が所在国の慣習もしくは関係銀行所定の手続きに従って取扱ったことにより生じた損害、または当行の本支店を除いた関係銀行の責に帰すべき事由により生じた損害

④ 受取人名相違等の送金依頼人の責に帰すべき事由により生じた損害

⑤ 送金依頼人から受取人へのメッセージに関して生じた損害

⑥ 送金依頼人と受取人または第三者との間における送金の原因関係に係る損害

⑦ その他当行の責に帰すべき事由以外の事由により生じた損害

14.（譲渡、質入れの禁止）

本規定による取引にもとづく送金依頼人の権利は、譲渡、質入れすることはできません。

15.（預金規定の適用）

　送金依頼人が、送金資金等を預金口座から振替えて送金の依頼をする場合における預金の払戻しについては、関係する預金規定により取扱います。

16.（法令、規則等の遵守）

　本規定に定めのない事項については、日本および関係各国の法令、慣習および関係銀行所定の手続きに従うこととします。

以　　　上

4 在留資格・在留期間一覧表

入管法別表第一（第二条の二、第十九条関係）、入管法施行規則別表第二

一

在留資格	本邦において行うことができる活動	在留期間	就労
外交	日本国政府が接受する外国政府の外交使節団若しくは領事機関の構成員、条約若しくは国際慣行により外交使節と同様の特権及び免除を受ける者又はこれらの者と同一の世帯に属する家族の構成員としての活動。例：外国政府の大使、公使、総領事、代表団構成員等及びその家族	外交活動を行う期間	○
公用	日本国政府の承認した外国政府若しくは国際機関の公務に従事する者又はその者と同一の世帯に属する家族の構成員としての活動（この表の外交の欄に掲げる活動を除く。）。例：外国政府の大使館・領事館の職員、国際機関等から公の用務で派遣される者等及びその家族	5年、3年、1年、3月、30日又は15日	○
教授	本邦の大学若しくはこれに準ずる機関又は高等専門学校において研究、研究の指導又は教育をする活動例：大学教授等	5年、3年、1年又は3月	○
芸術	収入を伴う音楽、美術、文学その他の芸術上の活動（二の表の興行の欄に掲げる活動を除く。）。例：作曲家、画家、著述家等	5年、3年、1年又は3月	○
宗教	外国の宗教団体により本邦に派遣された宗教家の行う布教その他の宗教上の活動。外国の宗教団体から派遣される宣教師等	5年、3年、1年又は3月	○
報道	外国の報道機関との契約に基づいて行う取材その他の報道上の活動。例：外国の報道機関の記者、カメラマン	5年、3年、1年又は3月	○

一

在留資格	本邦において行うことができる活動	在留期間	就労
高度専門職	一 高度の専門的な能力を有する人材として法務省令で定める基準に適合する者が行う次のイからハまでのいずれかに該当	5年	○

	する活動であつて、我が国の学術研究又は経済の発展に寄与することが見込まれるもの イ　法務大臣が指定する本邦の公私の機関との契約に基づいて研究、研究の指導若しくは教育をする活動又は当該活動と併せて当該活動と関連する事業を自ら経営し若しくは当該機関以外の本邦の公私の機関との契約に基づいて研究、研究の指導若しくは教育をする活動 ロ　法務大臣が指定する本邦の公私の機関との契約に基づいて自然科学若しくは人文科学の分野に属する知識若しくは技術を要する業務に従事する活動又は当該活動と併せて当該活動と関連する事業を自ら経営する活動 ハ　法務大臣が指定する本邦の公私の機関において貿易その他の事業の経営を行い若しくは当該事業の管理に従事する活動又は当該活動と併せて当該活動と関連する事業を自ら経営する活動	○
	二　前号に掲げる活動を行つた者であつて、その在留が我が国の利益に資するものとして法務省令で定める基準に適合するものが行う次に掲げる活動 イ　本邦の公私の機関との契約に基づいて研究、研究の指導又は教育をする活動 ロ　本邦の公私の機関との契約に基づいて自然科学又は人文科学の分野に属する知識又は技術を要する業務に従事する活動 ハ　本邦の公私の機関において貿易その他の事業の経営を行い又は当該事業の管理に従事する活動 ニ　イからハまでのいずれかの活動と併せて行う一の表の教授の項から報道の項までの下欄に掲げる活動又はこの表の法律・会計業務の項、医療の項、教育の項、技術・人文知識・国際業務の項、介護の項、興行の項若しくは技能	無期限	

	の項の下欄若しくは特定技能の項の下欄第二号に掲げる活動（イからハまでのいずれかに該当する活動を除く。）		
経営・管理	本邦において貿易その他の事業の経営を行い又は当該事業の管理に従事する活動（法律・会計業務の項の下欄に掲げる資格を有しなければ法律上行うことができないこととされている事業の経営又は管理に従事する活動を除く。）。例：外資系企業等の経営者・管理者	5年、3年、1年、6月、4月又は3月	○
法律・会計業務	外国法事務弁護士、外国公認会計士その他法律上資格を有する者が行うこととされている法律又は会計に係る業務に従事する活動。例：弁護士、公認会計士等	5年、3年、1年又は3月	○
医療	医師、歯科医師その他法律上資格を有する者が行うこととされている医療に係る業務に従事する活動。例：医師、歯科医師、看護師	5年、3年、1年又は3月	○
研究	本邦の公私の機関との契約に基づいて研究を行う業務に従事する活動（一の表の教授の欄に掲げる活動を除く。）。例：政府関係機関や私企業等の研究者	5年、3年、1年又は3月	○
教育	本邦の小学校、中学校、義務教育学校、高等学校、中等教育学校、特別支援学校、専修学校又は各種学校若しくは設備及び編制に関してこれに準ずる教育機関において語学教育その他の教育をする活動。例：中学校、高等学校等の語学教師等	5年、3年、1年又は3月	○
技術・人文知識・国際業務	本邦の公私の機関との契約に基づいて行う理学、工学その他の自然科学の分野若しくは法律学、経済学、社会学その他の人文科学の分野に属する技術若しくは知識を要する業務又は外国の文化に基盤を有する思考若しくは感受性を必要とする業務に従事する活動（一の表の教授の項、芸術の項及び報道の項に掲げる活動並びにこの表の経営・管理の項から教育の項まで及び企業内転勤の項から興行の項までに掲げる活動を	5年、3年、1年又は3月	○

	除く。)。例：機械工学等の技術者、通訳、デザイナー、私企業の語学教師等		
企業内転勤	本邦に本店、支店その他の事業所のある公私の機関の外国にある事業所の職員が本邦にある事業所に期間を定めて転勤して当該事業所において行うこの表の技術・人文知識・国際業務の項の下欄に掲げる活動。例：外国の事業所からの転勤者	5年、3年、1年又は3月	○
介護	本邦の公私の機関との契約に基づいて介護福祉士の資格を有する者が介護又は介護の指導を行う業務に従事する活動	5年、3年、1年又は3月	○
興行	演劇、演芸、演奏、スポーツ等の興行に係る活動又はその他の芸能活動（この表の経営・管理の項の下欄に掲げる活動を除く。）。例：俳優、歌手、ダンサー、プロスポーツ選手等	3年、1年、6月、3月又は15日	○
技能	本邦の公私の機関との契約に基づいて行う産業上の特殊な分野に属する熟練した技能を要する業務に従事する活動。例：外国料理の調理師、スポーツ指導者、航空機の操縦者、貴金属等の加工職人等	5年、3年、1年又は3月	○
特定技能	一　法務大臣が指定する本邦の公私の機関との雇用に関する契約（第二条の五第一項から第四項までの規定に適合するものに限る。次号において同じ。）に基づいて行う特定産業分野（人材を確保することが困難な状況にあるため外国人により不足する人材の確保を図るべき産業上の分野として法務省令で定めるものをいう。同号において同じ。）であつて法務大臣が指定するものに属する法務省令で定める相当程度の知識又は経験を必要とする技能を要する業務に従事する活動	1年を超えない範囲内で法務大臣が個々に指定する期間	○
	二　法務大臣が指定する本邦の公私の機関との雇用に関する契約に基づいて行う特定産業分野であつて法務大臣が指定するものに属する法務省令で定める熟練した技能を要する業務に従事する活動	3年、1年又は6月	

	一　次のイ又はロのいずれかに該当する活動 　イ　技能実習法第八条第一項の認定（技能実習法第十一条第一項の規定による変更の認定があつたときは、その変更後のもの。以下同じ。）を受けた技能実習法第八条第一項に規定する技能実習計画（技能実習法第二条第二項第一号に規定する第一号企業単独型技能実習に係るものに限る。）に基づいて、講習を受け、及び技能、技術又は知識（以下「技能等」という。）に係る業務に従事する活動 　ロ　技能実習法第八条第一項の認定を受けた同項に規定する技能実習計画（技能実習法第二条第四項第一号に規定する第一号団体監理型技能実習に係るものに限る。）に基づいて、講習を受け、及び技能等に係る業務に従事する活動	1年を超えない範囲内で法務大臣が個々に指定する期間	
技能実習	二　次のイ又はロのいずれかに該当する活動 　イ　技能実習法第八条第一項の認定を受けた同項に規定する技能実習計画（技能実習法第二条第二項第二号に規定する第二号企業単独型技能実習に係るものに限る。）に基づいて技能等を要する業務に従事する活動 　ロ　技能実習法第八条第一項の認定を受けた同項に規定する技能実習計画（技能実習法第二条第四項第二号に規定する第二号団体監理型技能実習に係るものに限る。）に基づいて技能等を要する業務に従事する活動	2年を超えない範囲内で法務大臣が個々に指定する期間	○
	三　次のイ又はロのいずれかに該当する活動 　イ　技能実習法第八条第一項の認定を受けた同項に規定する技能実習計画（技能実習法第二条第二項第三号に規定する第三号企業単独型技能実習に係るものに限る。）に基づいて技能等を要する業務に従事する活動	2年を超えない範囲内で法務大臣が個々に指定する期間	

| | ロ　技能実習法第八条第一項の認定を受けた同項に規定する技能実習計画（技能実習法第二条第四項第三号に規定する第三号団体監理型技能実習に係るものに限る。）に基づいて技能等を要する業務に従事する活動 | | |

三

在留資格	本邦において行うことができる活動	在留期間	就労
文化活動	収入を伴わない学術上若しくは芸術上の活動又は我が国特有の文化若しくは技芸について専門的な研究を行い若しくは専門家の指導を受けてこれを修得する活動（四の表の留学の項から研修の項までの下欄に掲げる活動を除く。）。例：日本文化の研究者等	3 年、1 年、6 月又は 3 月	×
短期滞在	本邦に短期間滞在して行う観光、保養、スポーツ、親族の訪問、見学、講習又は会合への参加、業務連絡その他これらに類似する活動。例：観光客、会議参加者等	90 日若しくは 30 日又は 15 日以内の日を単位とする期間	×

四

在留資格	本邦において行うことができる活動	在留期間	就労
留学	本邦の大学、高等専門学校、高等学校（中等教育学校の後期課程を含む。）若しくは特別支援学校の高等部、中学校（義務教育学校の後期課程及び中等教育学校の前期課程を含む。）若しくは特別支援学校の中学部、小学校（義務教育学校の前期課程を含む。）若しくは特別支援学校の小学部、専修学校若しくは各種学校又は設備及び編制に関してこれらに準ずる機関において教育を受ける活動。例：大学、短期大学、高等専門学校及び高等学校等の学生	4 年 3 月を超えない範囲内で法務大臣が個々に指定する期間	×
研修	本邦の公私の機関により受け入れられて行う技能等の修得をする活動（二の表の技能実習 1 号、この表の留学の項に掲げる活動を除く。）。例：研修生	2 年、1 年、6 月又は 3 月	×
家族滞在	一の表、二の表又は三の表の在留資格（外交、公用、特定技能（二の表の特定技能の項の第一号に係るものに限る。）、技能実習	5 年を超えない範囲内で法務大臣が個々に指定	×

及び短期滞在を除く。）をもつて在留する者又はこの表の留学の在留資格をもつて在留する者の扶養を受ける配偶者又は子として行う日常的な活動。例：在留外国人が扶養する配偶者・子	する期間		

五

在留資格	本邦において行うことができる活動	在留期間	就労
特定活動	法務大臣が個々の外国人について特に指定する活動。例：外交官等の家事使用人、ワーキング・ホリデー、経済連携協定に基づく外国人看護師・介護福祉士候補者等	5年、3年、1年、6月、3月又は5年を超えない範囲内で法務大臣が個々に指定する期間	△

入管法別表第二（第二条の二、第十九条関係）、入管法施行規則別表第二

在留資格	本邦において有する身分又は地位	在留期間	就労
永住者	法務大臣が永住を認める者。例：法務大臣から永住の許可を受けた者（入管特例法の「特別永住者」を除く。）	無期限	◎
日本人の配偶者等	日本人の配偶者若しくは特別養子又は日本人の子として出生した者。例：日本人の配偶者・子・特別養子	5年、3年、1年又は6月	◎
永住者の配偶者等	永住者等の配偶者又は永住者等の子として本邦で出生しその後引き続き本邦に在留している者。例：永住者・特別永住者の配偶者及び本邦で出生し引き続き在留している子	5年、3年、1年又は6月	◎
定住者	法務大臣が特別な理由を考慮し一定の在留期間を指定して居住を認める者。例：第三国定住難民、日系3世、中国残留邦人等	5年、3年、1年、6月又は5年を超えない範囲内で法務大臣が個々に指定する期間	◎

（出典）法務省ホームページ、東京外国人雇用サービスセンターホームページを参考に作成。

索 引

参考文献等

稲葉総合法律事務所編著『営業店のための 外国人との金融取引 Q&A』（2020 年、経済法令研究会）

大村博著『国際業務サポートのための外為取引トレーニング 増補改訂版』（2015 年、ビジネス教育出版社）

外国人技能実習機構パンフレット

外国人材の受入れ・共生に関する関係閣僚会議「外国人との共生社会の実現に向けたロードマップ」（2024 年 6 月 21 日）

金融庁「マネー・ローンダリング・テロ資金供与・拡散金融対策の現状と課題」（2023 年 3 月）

警察庁「犯罪収益移転防止に関する年次報告書」（2023 年）

国家公安委員会「犯罪収益移転危険度調査書」（2023 年 12 月）

重田正美「米国の外国口座税務コンプライアンス法と我が国の対応」（レファレンス 2015 年 6 月号）

出入国在留管理庁「外国人材の受入れ及び共生社会実現に向けた取組」

出入国在留管理庁、文化庁「在留支援のためのやさしい日本語ガイドライン」（2020 年 8 月）

日本銀行国際局「外為法の報告制度について」（2023 年 6 月 1 日）

法務省ホームページ「国籍の選択について」

—————— 著者略歴 ——————

細田 恵子（ほそだ・けいこ）

銀行、コンサルティング会社を経て、㈱結コンサルティングを設立。25年活動後、現在は個人事業主 YUI Consulting として引き続き金融機関の窓口担当者等を対象とした研修、大学などのセミナーの企画・実施を中心に活躍。テラー関係の通信講座、雑誌にも多数執筆。

主要著書：『学習テキスト 預金・為替業務』『はじめての銀行業務』『銀行員になる—プロへの第一歩』（以上、ビジネス教育出版社）『金融窓口・渉外べからず集』『これならできる資産運用相談—アプローチからフォローまで』（以上、金融財政事情研究会）など。

外国人のお客さまとの金融取引がよくわかる

2024年10月11日　初版第1刷発行

〔検印廃止〕　著　者　細　田　恵　子

　　　　　　　発行者　延　對　寺　哲

発行所　株式会社ビジネス教育出版社

〒102-0074　東京都千代田区九段南4-7-13
☎03（3221）5361（代表）　FAX：03（3222）7878
E-mail info@bks.co.jp　http://www.bks.co.jp

ISBN 978-4-8283-1055-8